La fe
de Poncho

Poncho Vera

La fe de Poncho

Ser católico en estos tiempos

Diseño de portada: Liz Batta
Fotografía de portada: Blanca Charolet
Imagen de portada: © Shutterstock
Ilustraciones de interiores: Miguel Ángel Chávez y Alma Julieta Núñez Cruz

© 2013, Alfonso Vera Prendes

Derechos reservados

© 2013, Editorial Planeta Mexicana, S.A. de C.V.
Bajo el sello editorial DIANA M.R.
Avenida Presidente Masarik núm. 111, 2o. piso
Colonia Chapultepec Morales
C.P. 11570, México, D.F.
www.editorialplaneta.com.mx

Primera edición: agosto de 2013
ISBN: 978-607-07-1789-5

No se permite la reproducción total o parcial de este libro ni su incorporación a un sistema informático, ni su transmisión en cualquier forma o por cualquier medio, sea éste electrónico, mecánico, por fotocopia, por grabación u otros métodos, sin el permiso previo y por escrito de los titulares del *copyright*.
La infracción de los derechos mencionados puede ser constitutiva de delito contra la propiedad intelectual (Arts. 229 y siguientes de la Ley Federal de Derechos de Autor y Arts. 424 y siguientes del Código Penal).

Impreso en los talleres de Litográfica Ingramex, S.A. de C.V.
Centeno núm. 162, colonia Granjas Esmeralda, México, D.F.
Impreso y hecho en México – *Printed and made in Mexico*

*Para Julián, que se durmió
con su playera que decía
"Life is Good"*

Contenido

Introducción — 9

1. «Lo que se te antoje cuando quieras» — 16
2. El aborto — 26
3. La homosexualidad — 36
4. Los anticonceptivos — 46
5. Los lujos exclusivos de la Iglesia — 56
6. ¿Poca participación de las mujeres en la Iglesia? — 64
7. La pederastia — 70
8. ¿Exceso de poder en la Iglesia? — 78
9. La «renuncia» del Papa — 84
10. Los Dogmas de Fe — 90
11. El infierno — 102
12. El Demonio — 110
13. Los desastres naturales con un Dios bondadoso — 116
14. La eutanasia — 126
15. El sentido del sufrimiento — 136
16. Orar para estar más cerca de Dios… para estar mejor — 144

17. Las obras de misericordia _____ 148

Epílogo
Pepe _____ 153

Introducción

Disto mucho de ser un ejemplo del mejor católico del planeta, vaya, ni siquiera de mi colonia; aunque me parece justo decirlo, estoy muy alejado de ser el peor. Creo en la Iglesia Católica Apostólica Romana, tengo fe, mucha, y lo digo con orgullo, no me da miedo que me tachen de mocho, retrógrada, necio, ingenuo, anticuado, bobo, menso, etcétera.

Bien sabemos que en estos días si eres afín a una religión te llueve duro y tupido, lo de moda es ser alternativo, vanguardista, moderno, *open mind*, contestatario... eso es lo *cool*, lo *in*, lo aceptable para ser bien recibido en las esferas que toman como bandera todo lo que no sea tradicionalista.

Por supuesto que durante mi existencia me persiguen las dudas, muchísimas, pero intento encontrarles respuestas y no dejarme llevar de inmediato con las interrogantes, y en consecuencia, no darle la espalda a la Iglesia que tanto quiero.

Vengo de una familia y de escuelas católicas, voy a misa los domingos, rezo todos los días, y me encanta leer literatura que tiene que ver con mi religión. Es importante mencionarlo, puesto que esa es mi historia, y quizá sabiendo esto, tú, amable lector, logres entender mejor este libro.

Ahora, en un ejercicio de sinceridad, me acepto como un pecador; he cometido muchos pecados. Por supuesto que he sido incoherente entre lo que creo y mis actos, mucho, por eso escribo estas líneas, pues siento un compromiso de ser mejor católico. Es una vergüenza que teniendo tanta fe, diste mucho de ser un ejemplo, aunque sea mediocre. Creo que a muchos de nuestra religión nos sucede lo mismo.

¿Dónde está aquel niño que al hacer su Primera Comunión juró comportarse como un verdadero ser humano que honre llevar a Jesús dentro? No lo sé, pero quizá lo pueda volver a encontrar. ¿Por qué no?

Debido a mis vivencias, sobre todo las más recientes, estoy seguro de que muchos católicos están en la misma situación, de hecho conozco a varios que han abandonado la religión. Principalmente para ellos van dedicadas estás páginas que, simplemente, invitan a la reflexión.

Al ser católico, al estar bautizado, soy parte de la Iglesia y siento la obligación de hacer algo que creo beneficiará a mi religión, aunque sea poco; por ello, presento este libro de manera humilde, como pecador, sin ser moralista, pues no tengo autoridad para serlo, pero confío en poder contribuir a enderezar un poquito el camino de quienes lo lean.

No es fácil ser católico en estos tiempos, los ataques a mi religión están a la orden del día, muchos por culpa nuestra, de quienes no somos católicos ejemplares. Intento dar puntos de vista bien argumentados de que el catolicismo puede estar a la altura de estos tiempos, que no es un conjunto de creencias viejas, fuera de la realidad de nuestros días.

Sí, es innegable que la Iglesia católica manejada por el hombre ha cometido terribles faltas a través de su historia. Ya se han pedido disculpas públicas por asuntos tan vergonzosos como las injusticias de la Santa Inquisición o los actos de pederastia por parte de sacerdotes. Desafortunadamente, cuando se cometen atrocidades tan grandes, a veces las disculpas no son suficientes. Soy partidario de que se vea para adelante, y que con buenas acciones se mejore el futuro, que es lo único que puede hacerse ante tan penosos errores.

Esto no es catecismo, es la opinión de un católico que ha tenido y tiene contacto con muy diversas esferas ideológicas y sociales, y cuya idea es demostrar que la Iglesia es una buena institución, que procura el bien, y que a pesar de las características de tiempos modernos, puede acoplarse perfectamente para ser comprendida como una organización que, sin renunciar a sus principios, tiene la sabiduría necesaria para ayudar a que el hombre consiga una existencia feliz, así como merecer el fin último en que creemos nosotros los católicos: llegar a la presencia eterna de Dios en el paraíso.

Veo un bombardeo impresionante de ciertas tendencias, que no filosofías, para alcanzar la felicidad terrenal, varias de estas bajo la muy sencilla idea general de *pide y se te dará*. No procuraré desacreditarlas, de ninguna manera, pero haré todo lo posible por explicar que eso lo ha promulgado el catolicismo mediante la fe y la oración, aunque sin características materialistas.

No tengo duda alguna de que los principios de la Iglesia tienen una razón de ser, y buscan el beneficio de la humanidad. A pesar de tantas descalificaciones, confío en que se pueden explicar las posturas de mi religión con relación a temas tan polémicos como el aborto, la homosexualidad, los anticonceptivos, las denuncias de lujos excesivos del clero, los cuestionamientos de la poca participación de las mujeres en la Iglesia, los sacerdotes pederastas, el abuso de poder de clérigos, los dogmas de fe, la existencia del infierno, el porqué de los desastres naturales cuando hay un Dios bondadoso, la eutanasia y el sentido del sacrificio.

Le pido al Espíritu Santo que me inspire y me dé las fuerzas necesarias para tocar temas tan delicados, y me atrevo a solicitarte a ti, que estás leyendo el libro, un poco de comprensión, pues su servidor es un ser humano que ante todo escribe esto con buena voluntad y con total respeto.

Mi amigo Pepe, es uno de esos amigos que son incondicionales, con quien he compartido a lo largo de mi vida un sinfín de aventuras, algunas célebres, otras no tanto, como sucede en cualquier amistad de años.

Nos conocimos en la primaria, los dos fuimos a una escuela católica de Hermanos Lasallistas... ahí, dizque estudiamos... pero más bien jugamos mucho futbol (aunque debo aceptar que yo era bastante más malito que él), le pegábamos al beisbol, al americano, hacíamos un buen de desmanes y, sobre todo, nos reíamos muchísimo... Crecimos juntos, viajamos con nuestras familias, jugábamos Intellivison, íbamos al cine y a comer tacos al pastor... la pasamos muy bien.

Como siempre sucede, transcurrió el tiempo y dejamos de convivir con la frecuencia de antes. Cada quien se casó, los dos nos divorciamos... pero siempre hemos estado juntos, no nos dejamos de ver ni de hablar.

Quizá nuestra soledad treintañera nos hizo más unidos, por lo menos una vez a la semana nos juntamos a tomar unas cervezas y platicar... ¡platicamos tanto! Que si los Pumas son mejores que el América, que si The Who es el mejor grupo de todos los tiempos, que si alguna vez nos organizaríamos para ir a una Eurocopa, que si el presidente es un inepto... en fin.

Pepe me escucha, y yo lo escucho... hemos formado una especie de complicidad sensacional, nos sabemos todo, con un gesto, con una mirada, sabemos lo que está pensando el otro. Por supuesto, muchas veces nos mentamos la madre (aunque cada uno respeta y quiere a nuestras respectivas jefecitas); con tanta plática y al calor de las chelas, discutimos mucho... somos dos apasionados de la palabra, de defender nuestros puntos de vista, y siempre queremos tener la razón. Como en toda buena amistad entre hombres, mandar al otro a la chingada significa que le estás poniendo atención y te interesa lo que está diciendo. No pasa nada, la amistad sigue, y la despedida después de pagar la cuenta siempre se da con un fraternal abrazo.

De unas semanas para acá, a Pepe le agarró la necia (¿o me habrá agarrado a mí?), y el güey se la pasa tirándole hachazos a la Iglesia católica, a la que él tanto quería, y de la que por distintas razones se fue alejando. El tipo sabe que el tema me prende, pues a pesar de que no soy un católico ejemplar, pues la verdad sí que creo en el catolicismo.

Ganas de joder, yo creo que le agarró un ataque de jodiditis.

1
«Lo que se te antoje cuando quieras»

Manejaba mi cochecito, y ahí estaba Pepe de inútil copiloto como es su costumbre, pues se pierde más que yo en la ciudad, pero eso sí como magnífico acompañante. Normalmente en el coche platicamos de todo, oímos música, y damos opiniones de lo que escuchamos en los noticiarios. Con el tráfico insufrible de esta caótica capital mexicana, nos aventamos muchas horas circulando poquito a poquito, a vuelta de rueda.

El tipo, lo reconozco, es muy agradable y siempre tiene tema de conversación, es raro que se quede callado o que se me quede jetón en el asiento de copiloto. Eso sí, aparece cuando le da la gana, pero lo hace con frecuencia.

En uno de nuestros trayectos, escuchábamos quién sabe cuál estación de radio, y alguien empezó a hablar de la importancia de la mente y su extraordinaria fuerza. Entre otras cosas comentaba que somos tan poderosos, que si en realidad queremos algo, lo obtendremos solo con desearlo de una manera concentrada y sin ninguna duda, sea lo que sea; que la cosa es quererlo con todas nuestras fuerzas.

—¡Uy, sí!, ¿cómo no? —comenté—. Ahora resulta... como si estuviera descubriendo el agua tibia, esa idea está de lo más mamila... ahora resulta que tenemos poderes que controlan todo, como si fuéramos algo así como deidades. Que no manche ese güey.

—Pues yo creo que tiene razón —me dijo Pepe—, he leído y me he enterado de que los seres humanos utilizamos un pequeñísimo porcentaje de nuestro cerebro, y que si lo supiéramos aprovechar bien, seríamos capaces de conseguir lo que sea.

—¿Cómo crees? —le contesté—, entonces no seríamos seres humanos, más bien estaríamos hablando de que somos iguales a Dios.

Con su tonito un tanto retador me dijo:

—Pues sí, lo que pasa es que no nos valoramos, yo creo que lo que deseamos sí lo podemos conseguir.

—Por arte de magia... —lo interrumpí, y él me rebatió:

—No, no por arte de magia, es por la capacidad de nuestra mente, porque el universo está para complacernos.

—Entonces —intervine—, si deseamos lo que sea, lo conseguimos... ¿tú crees que alguien que se está muriendo de hambre no desea con todas sus fuerzas un buen trozo de carne? ¡Claro!, así nadie moriría de hambre.

—Lo que pasa es que la gente no sabe pedir —aseguró de manera cortante.

—Claro que no —insistí—, más bien lo que pasa es que estamos limitados, somos personas llenas de errores, y a veces pensamos que queremos algo, pero en realidad no lo necesitamos; además, ese tema de pedirle al universo no tiene nada de nuevo. ¿Qué no desde hace quién sabe cuántos años tenemos la creencia de rezar, de platicar con Dios para exponerle nuestras necesidades y Él, con su sabiduría, sabe en realidad qué es lo que necesitamos? Si nosotros decidiéramos qué nos hace falta y qué no, este mundo sería un caos.

—Pues ya lo es —afirmó—, el mundo es un desastre y por eso hay que buscar nuevas formas de pedir las cosas.

—Eso no es nuevo, ni es probable —expresé con seguridad—, como te decía, la creencia de solicitar algo tiene que ver con un ejercicio de humildad, de reconocernos llenos de errores; por lo tanto, es Dios quien en verdad sabe lo que necesitamos. No seas soberbio.

—No, no soy soberbio, más bien tú te sientes tan poca cosa que crees que ni siquiera sabes lo que te hace falta, y por eso le dejas el paquete a Dios —me rebatió Pepe con una firmeza petulante, y le discutí:

—A ver, eso de pedir no es de estos tiempos, más bien se utiliza mucho ahora para que numerosos nuevos «pensadores» se llenen de dinero vendiendo espejitos, ilusiones...

—Mmmm... explícate bien —me exigió.

—Con gusto lo haré —rápidamente le aseguré—, escúchame: actualmente existe la creencia popular de que somos seres en verdad muy poderosos, con una inteligencia suprema, una sabiduría ilimitada, unos conocedores infalibles de las consecuencias, individuos separados de la sociedad y con plena conciencia de lo que en verdad nos es necesario y lo que no. Eso es soberbia total, falta de humildad.

—Más bien, tú no te valoras... —me dijo.

—Espérame, sígueme escuchando, porfa —le pedí sin perder la paciencia—. Siendo sinceros, somos seres completamente cambiantes, indefinidos; muchas veces no sabemos ni para dónde vamos, no estamos seguros de a qué dedicarnos, dudamos sobre qué queremos realmente en la vida.

»Deseamos un trabajo, lo obtenemos, y luego nos damos cuenta de que no nos llena. Queremos una casa, y al comprarla no nos sentimos cómodos ahí. Pensamos que va a llenar nuestra una existencia un coche muy lujoso, y al poseerlo nos sentimos igual de vacíos. Juramos que si logramos estar con tal persona vamos a estar completos, y pronto nos percatamos de que no es así...

»Pero somos muy necios e insistimos en que sabemos perfectamente lo que nos hará bien, cuando a veces en realidad desconocemos quiénes somos».

—Pues deberías de hacer unos de esos ejercicios para conocerte desde adentro, algo así como una meditación —dijo.

—Somos seres erráticos —intenté informarle—, parte de nuestra naturaleza es cometer errores. Somos limitados, nuestra inteligencia lo es, y por lo tanto nuestros deseos y aspiraciones terrenales también lo son.

»Si no sabemos cómo manejar bien nuestro presente, ¿cómo sabremos qué nos conviene para nuestro futuro? Todos nos hemos arrepentido de algo que hemos hecho, aunque tales acciones las realizamos pensando que eran acertadas en ese momento. Nos falta humildad».

—Pero, ¿por qué sentirnos humildes, si en verdad somos grandes? —me preguntó; y le comenté, casi ignorándolo:

—Y están de moda libros y conferencias que prometen cosas tales como que el universo conspira para lograr nuestros deseos, o que existe una ley de atracción y nuestros anhelos, aunque sean materiales, nos llegarán, obteniendo así la felicidad.

»¿Cuántos ricos son completamente infelices? Muchos, demasiados diría yo. El desear sin freno, el tener sueños, el querer resolver nuestras necesidades... es totalmente natural, por ello, el pedir también lo es».

—Entonces, ¿pedir es válido o no? —planteó Pepe.

—Pedir es válido, pero habrá que hacerlo con humildad, sabiendo que no podemos estar seguros de que lo que pedimos es lo que en realidad necesitamos.

»Me extraña que esté de moda pedir, confiar en que puede concedérsenos lo que pidamos, y que esto se atribuya a autores o pensadores contemporáneos (que comúnmente hacen referencia a personajes del pasado y afirman que han destapado la información que estaba oculta); sobre todo, me llama la atención que los católicos lo veamos como algo de ahora, como novedoso, si desde hace ya muchos, pero muchos años, en la celebración de la misa misma existe la Plegaria Universal, en la que solicitamos al Señor nos socorra en nuestras necesidades comunitarias y personales».

—Pero según tú, ¿no es igual pedirle a lo que sea o a quien sea? —reviró Pepe.

—Nosotros tenemos a un Dios, la oración y la fe, esos son nuestros caminos para pedir, pero siempre con humildad, sabedores de nuestras limitaciones —intenté contestarle—. Quien sabe lo que realmente necesitamos es Él, nuestro Padre, nuestro creador.

»La Iglesia siempre ha aceptado, incluso ha promovido el pedirle a Dios, pero entendiendo que es Él quien en verdad conoce lo que nos hará bien, lo que en un futuro nos beneficiará para conseguir nuestra plenitud como seres humanos, y así alcanzar el último fin del hombre: la llegada al paraíso celestial».

—Entonces hay que pensar únicamente en el futuro, cuando ya no vivamos —exclamó Pepe.

—Queda muy claro —le dije— en la oración del Padre Nuestro: ... *hágase tu voluntad aquí en la Tierra como en el cielo, danos hoy nuestro pan de cada día...*

»En ocasiones nos molestamos con Dios, pensamos que no atiende nuestras plegarias, que no escucha nuestras oraciones, porque no nos concede de manera inmediata lo que le solicitamos. Sin embargo, con el paso del tiempo comprobamos que por supuesto nos escuchó, y que en verdad nos ayudó para conseguir una auténtica y permanente plenitud».

—¡Chale! —lanzó con una especie de grito—, pues es muy difícil entender a Dios.

—Las peticiones a Dios —continué— deben realizarse con una total fe en Él, sabiendo que nunca nos abandonará, y que si no nos da el trabajo deseado, la pareja querida, o el cumplimiento de nuestro sueño, es porque en realidad no lo necesitábamos, más bien la ayuda nos era necesaria para algo que incluso ni teníamos detectado.

»Si Dios es nuestro Padre infinitamente bueno y sabio... ¡confiemos en Él!, en que siempre nos acompañará y nos escuchará para guiarnos a una vida de felicidad auténtica y de realización espiritual, que es más importante que la corporal.

»Dios nos ama, es nuestro Padre, Él nos creó a su imagen y semejanza, nos mandó a su hijo para perdonar nuestros pecados, y así poder compartir juntos la vida eterna; Dios no quiere hacernos ningún daño. ¿Qué papá aquí en nuestro mundo accedería a darle a su pequeño e inexperto hijo algo que le pida incluso con lágrimas en los ojos, si sabe que le hará daño en un futuro? Ninguno, a menos que sea perverso. El hijo cuando crezca entenderá claramente los motivos de aquella negación».

—Mmmm... —expresó con insatisfacción.

—No tengamos miedo en pedir, Dios nos escuchará, pero por supuesto que procurará nuestro auténtico beneficio futuro. Mira, quisiera cerrar esta plática —comenté tajante— citando las palabras que pronunció Cristo, según el Evangelio de Mateo:

Cuando oren, no hablen mucho, como hacen los paganos: ellos creen que por mucho hablar serán escuchados. No hagan como ellos, porque el Padre que está en el Cielo sabe bien qué es lo que les hace falta, antes de que se lo pidan.

—No creo que si en estos días tanta gente está a favor de pedirle al universo, de manifestar sus deseos con fortaleza, esté equivocada —aseguró—; si todo eso está tan de moda como dices tú, será por algo, no es gratuito.

—Pues me parece que solo te dejas llevar por la corriente —afirmé.

—Y tú solo quieres ir en contra de ella —me dijo molesto.

En ese momento, Pepe se bajó del coche, despidiéndose, podría decirse, misteriosamente.

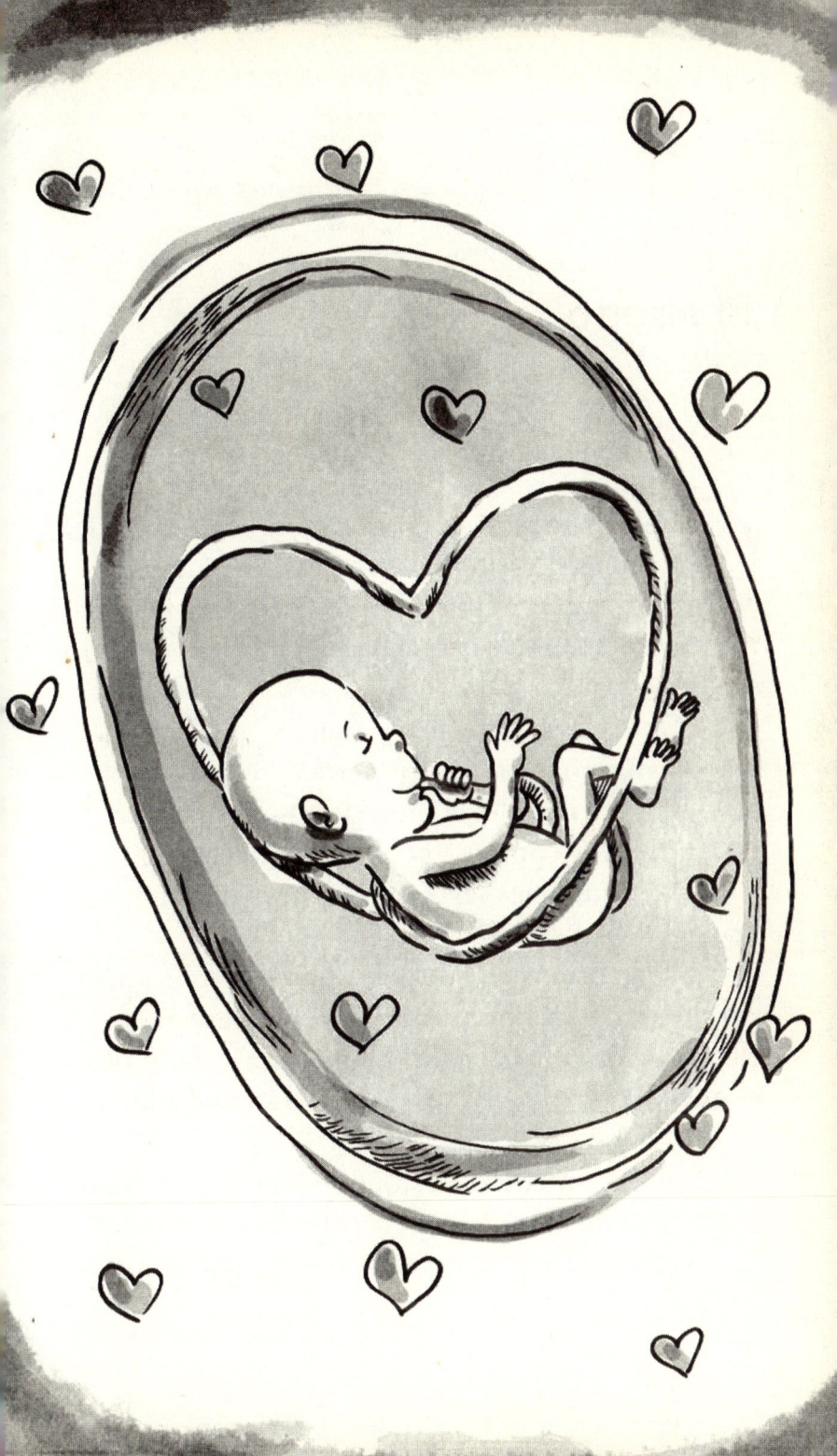

2

El aborto

Caminábamos Pepe y yo sobre una avenida grande de la ciudad; en eso, vi un anuncio espectacular que apoyaba el aborto, decía algo así como: «Respetemos el derecho de la mujer a decidir, sí al aborto».

—¡Qué pena! —le dije— parece que estamos ante una promoción de la muerte.

—¿Promoción de la muerte? —me cuestionó sin dudarlo—, con ese anuncio no están pidiéndole a nadie que haga algo, solo están expresando su manera de pensar.

—Sí, será su manera de pensar, pero involucran la vida de otro ser humano —le respondí enseguida—. Una cosa es que alguien no aprecie la vida, y otra es que quiera imponer sus decisiones a una criatura inocente.

—Bah —comentó—, es que los católicos siguen con la idea de que abortar es malo.

—Y seguiremos, así tendrá que ser por siempre —aseguré.

—Siempre con tus ideas viejas —me reclamó—, pero sin argumentos sólidos.

—Pues intentaré explicarme —dije—; para los católicos el aborto es y debe de ser un asunto reprobable, injustificable, e inaceptable. No hay más. Por supuesto que hay razones, la principal es que se trata de un acto evidente de muerte inducida, de terminar con la vida misma, lo que claramente va en contra de nuestros más importantes principios.

—¿No te parece muy machista tu punto de vista? Lo dices fácil porque eres hombre, y este es un asunto de decisión para las mujeres, que son las embarazadas —me encaró Pepe—. Tú no puedes entenderlo.

—Sí, estas palabras las dice un varón, y no quiero ir en contra de los derechos de las mujeres que tanto se mencionan a la par del aborto, pero yo pongo antes que nada el derecho a la vida, a la vida que es sagrada, un don, la obra principal del Creador.

—Pero a veces el «creador», como tú le llamas, parece que da algunos motivos para poder considerar el aborto —dijo de manera cuestionadora.

—Se han dado muchos argumentos a favor del aborto —pacientemente le expresé—, intentaré refutarlos haciendo hincapié, por supuesto, en una perspectiva católica, y trataré de ir más allá del simple argumento de que está mal simplemente «porque sí». Quizá seré reiterativo, sin embargo quiero dejar muy en claro que al dar mis puntos de vista lo hago de una manera sencilla, humilde y respetuosa, dando siempre un punto de vista católico que, a fin de cuentas, estoy seguro de que son observaciones que tienen como propósito, más que imponer una verdad, dar una perspectiva bondadosa para el desarrollo del ser humano.

—Uy, qué seriedad —dijo medio burlonamente—, a ver, te escucho…

—Es muy común escuchar que la mujer es dueña de su cuerpo y por lo tanto del niño que está gestándose dentro de ella… Sí, absolutamente la mujer es dueña de su cuerpo, pero el feto no puede considerarse como parte exclusiva de este. Un feto tiene un propio ADN, es un individuo irrepetible, además de poseer cromosomas de ella y del padre. Nunca, ningún ser humano se ha dado el cuerpo a sí mismo, sería absurdo pensar que un óvulo fecundado le pertenece a quien lo porta, estamos hablando del inicio de una vida.

»Los hombres y las mujeres tienen derecho a ser responsables de sus relaciones sexuales, de vivir y decidir sobre su vida sexual, pero eso de ninguna manera les da argumentos válidos para tomar decisiones sobre la continuidad de una vida que ya ha empezado».

—Mmmm —murmuró.

—De la misma manera se dice mucho —seguí— que el óvulo fecundado, el embrión, el feto, es simple materia sin personalidad que dista de conformar un ser humano. Por increíble que parezca, un óvulo fecundado tiene definidas varias características, como la forma de la cara, color de los ojos y del pelo, su sexo... es decir, las que serían sus características genéticas de acuerdo con los cromosomas de este. Tampoco podemos olvidar que el embrión cuenta con energía individual desde su sexto día, además de que a los catorce días comienza la formación de su cerebro. ¡A los sesenta días desarrolla su sistema nervioso! Y por supuesto que tiene células, la forma básica de vida. Como la existencia misma, todo va desarrollándose con el paso del tiempo.

»Es el inicio por el que todos hemos pasado... claro que ya es vida, no hay nada que no arranque sin el principio. Me parece absurdo considerar esto como una materia sin importancia, como una parte que está de más dentro de un organismo. Sin óvulos fecundados no existiría nadie, ni tú ni yo... Respetar el principio es procurar el presente, intentar promover el futuro al cual tuve y tengo derecho, al igual que todo ser humano en la Tierra».

—Híjole —casi grita—, qué informadito estás.

—Ya, no seas payaso —le exigí—; otra cosa que dicen mucho es que hay diferencias entre la interrupción del embarazo y un aborto... Es lo mismo, el fin, el propósito, es que la vida no continúe. Si se realiza alguna intervención a las pocas semanas, o a los muchos meses, tiene un mismo objetivo, no veo ninguna diferencia de fondo, y sí una exacta similitud en el fin.

—Y qué me dices sobre cuál es el motivo de traer a un ser humano a sufrir, viendo la realidad de esta sociedad en que vivimos... —dijo seriamente.

—¿Qué es sufrir? —le pregunté—, ¿no tener dinero?, ¿padecer alguna enfermedad? Yo veo el sufrimiento como la ausencia de felicidad. Y, ¿cómo definir la felicidad?, es casi imposible porque esta es muy distinta entre un ser humano y otro, aunque definitivamente tiene que ver con el amor. Si uno da y recibe amor, entonces reina una existencia feliz, lo demás pasa a un segundo término.

»Los humanos tenemos la capacidad de amar y de ser amados, ¿por qué desconfiar de ello?, ¿por qué no tener confianza en la capacidad de nuestro corazón? El amor se manifiesta de muchas maneras y se le puede brindar a cualquiera, sea pobre o rico, esté enfermo o saludable... y del mismo modo cualquier persona bajo cualquier circunstancia puede brindar amor».

—Puff, ¡qué cursi! —me interrumpió, pero continué sin hacerle mucho caso.

—Renunciar a brindarle la oportunidad de vivir a alguien es bloquearnos de la oportunidad de poder dar amor, lo que nos hace egoístas, indignos, incluso perversos. La vida debe ser entendida como una forma de manifestar lo más destacable que tenemos los seres humanos: nuestra capacidad de amar.

»¿Qué poderes tenemos para descifrar quién alcanzará la felicidad y quién no? ¿Acaso somos visionarios del futuro? Por supuesto que no.

»Es la belleza misma comprometernos a dar amor a nuestros semejantes, sean quienes sean, y es así como en gran parte la existencia toma sentido. El sufrimiento se va, se muere, y se aniquila con amor».

—Pues lo que pasa es que yo creo que tú no has sufrido mucho —me retó.

—Tú no sabes tanto de mí —le alegué—, pero yo no soy el importante, estoy hablando del aborto en general —y seguí con mi especie de discurso.

»Que los hijos son por elección, no por azar, es frecuente escucharlo y leerlo por todas partes... Por supuesto que los hijos no son por azar, ¡estamos hablando de seres humanos! El azar está en los juegos, no en la vida. La elección tiene que ver con una sexualidad responsable, no con una visión de suerte relacionada con el embarazo. La vida no es como echar una moneda al aire, o como jugar a los naipes... si tenemos esa visión de la vida, es que no la valoramos, no la entendemos y, por lo tanto, esta no tendría sentido alguno.

»Yo me ofendería profundamente si me dijeran que mi origen fue como un juego de ruleta; estoy seguro que a ti también te molestaría si te dijeran que tu concepción o tu nacimiento fueron igual a una partida de *black jack*. Basta con vernos al espejo, con descubrir la maravilla de nuestro organismo, con estar conscientes de nuestra capacidad de asombro, con abrazar a alguien, con mirar al mundo, ¡con tantas cosas que nos hacen privilegiados, únicos e irrepetibles! Somos tanto que, a veces por nuestra tendencia a acostumbrarnos, lo olvidamos. Cada latido de nuestro corazón es un milagro, una belleza, una maravilla conmovedora».

—¡Caramba! —no dudó en sacar esas palabras de su ronco pecho—, ¡cuánto te quieres!

—Pues sí —afirmé—, y ojalá y así lo hicieran todos; si no estamos dispuestos a compartir amor, ¿qué podemos compartir que en verdad valga la pena? En cada ser humano tenemos el gran privilegio de brindar lo más puro de nosotros, lo más real y hermoso: el amar. Cada óvulo fecundado es una nueva oportunidad de demostrar que no vemos por nosotros mismos, que podemos compartir; compartir lo que surge desde lo más profundo de nuestros sentimientos. *Desde antes de formarte en el seno materno, te conozco...* escribió el profeta Jeremías.

»Basta contagiarnos de la sonrisa tierna y sincera de un niño, para entender lo absurdo que resulta no permitir el desarrollo de la vida. Abramos nuestros sentidos, nuestro corazón... deslumbrémonos con la belleza de la existencia humana. No, el aborto no».

—¡Pues qué bien tienes ensayado tu *speech*!, pero en la realidad todo es muy diferente —me discutió con una sonrisa en su boca.

—Yo creo que todo empieza con palabras, y de ahí a las acciones —le dije con confianza.

—Aquí me despido —fríamente comentó Pepe—, voy a agarrar el metro.

Y poco a poco fue bajando las escaleras, con una cara de alivio porque ya no me escucharía.

3

La homosexualidad

Me encontraba tomando una cerveza en un bar con Pepe, era un lugar donde las mesitas estaban en la banqueta, nos gustaba ir ahí porque podíamos fumar y platicar a gusto. Hablábamos de futbol y me empezó a necear, como casi siempre lo hace, de que el mejor jugador del mundo y de todos los tiempos era Pelé, mientras yo defendía a Maradona. En eso, nos robó la vista una pareja de hombres que caminaban agarrados de la mano. Yo no le di mucha importancia, y estaba a punto de seguir defendiendo al Diego, cuando él me interrumpió en claro afán provocador.

—Seguro también vas a defender a la Iglesia de que no está de acuerdo con los gays, ¿verdad?

—Pues ya sabes mi postura —respondí—, ¿otra vez quieres escuchar mis rollos que parece que tanto te cansan?

—No, no me cansan, me divierten —aseguró.

—No sé por qué te la pasas provocándome, no soy tu bufón, y si en todo me vas a dar el avión, o a reírte de mí, pues mejor hablamos de otras cosas.

—No, hombre —dijo con tono cantadito—, me interesa saber cómo piensas, además, pues ahí sí que seguro no tienes ni cómo defender al catolicismo, o de plano eres como de 1920...

—Pues sí tengo cómo defenderlo.

—Ay, en verdad que estás bien zafado —afirmó—. Pues arráncate, soy todo oídos.

—No voy a decirte esto para darle «por su lado» a nadie. No quiero amoldar lo que profesa la Iglesia Católica para quedar bien, para aparentar modernidad, y mucho menos para hacer cambios a lo que se nos pide que creamos y hagamos.

»La Iglesia Católica no acepta las prácticas homosexuales, y tampoco está a favor de la unión marital entre dos personas del mismo sexo, por ende, tampoco de que adopten».

—¿Ya ves? —intervino—, son unos retrógradas.

—¿Me vas a escuchar en serio?

—Vas, ándale —dijo, moviendo la cabeza de manera negativa.

—Escucha, tampoco permitamos que se malinterprete la doctrina que debemos practicar los católicos, ni lo que tenemos obligación de promover. De ninguna manera debemos actuar bajo el odio, la discriminación, la intolerancia, la violencia. Nosotros los creyentes no tenemos derecho de juzgar, ni de señalar, ni de ofender.

»Considero propio transcribir lo que dice un fragmento del Catecismo de la Iglesia Católica con relación a la homosexualidad, para dejar en claro la perspectiva que se tiene en torno al tema; mira, lo traigo en un librito en mi mochila (si sabía que iba a ver a Pepe, estaba preparado):

> *Un número apreciable de hombres y mujeres presentan tendencias homosexuales instintivas. No eligen su condición homosexual; esta constituye para la mayoría de ellos una auténtica prueba. Deben ser acogidos con respeto, compasión y delicadeza. Se evitará, respecto a ellos, todo signo de discriminación injusta. Estas personas están llamadas a realizar la voluntad de Dios en su vida y, si son cristianas, a unir al sacrificio de la cruz del Señor las dificultades que pueden encontrar a causa de su condición... Las personas homosexuales están llamadas a la castidad. Mediante virtudes de dominio de sí mismas que eduquen la libertad interior, y a veces mediante el apoyo de una amistad desinteresada, de la oración y la gracia sacramental, pueden y deben acercarse gradual y resueltamente a la perfección cristiana.*

—Pero es un trato como si fueran diferentes —casi gritó con emoción.
—De ninguna manera la Iglesia Católica desprecia a los homosexuales, como a nadie más. Si algún fiel o cura integrante del catolicismo ha manifestado odio

de cualquier forma posible, comete un grave error, pues es un acto que no va de acuerdo con el claro principio manifestado por el mismo Jesucristo; fíjate en esto de la Biblia: *Amarás a tu prójimo como a ti mismo* (Marcos 12:31). Todos son nuestros prójimos, todos merecen recibir nuestro amor, así como nosotros tenemos derecho a recibirlo de cualquiera.

»La Iglesia nunca ha decretado que un heterosexual vale más que un homosexual, no, por lo menos actualmente; eso va en contra de los principios más elementales de la doctrina, pues todos somos hijos de Dios, todos somos hermanos, y todos por igual estamos invitados a unirnos con nuestro Padre en el paraíso».

—Pero en la práctica no es así, en verdad no creen eso —dijo muy confiado.

—Por supuesto que no, la Iglesia no condena el amor, al contrario, lo promueve totalmente como uno de sus primeros objetivos. La Iglesia sabe que el amor es la expresión más hermosa que el ser humano puede tener. De ninguna manera podría siquiera evitar cualquier tipo de manifestación amorosa. Claro, debemos entender que el amor no tiene nada que ver con la búsqueda de placer por el placer mismo.

—Pues qué chafa —se quejó.

—Los católicos, por razones obvias, creemos en la Sagrada Biblia, no la podemos negar ni desentendernos de ella, y sobre el asunto de las prácticas homosexuales hace claras referencias al respecto —y volví a mostrarle una cita bíblica—: *No te acostarás con varón como con mujer.* (Levítico 18: 22). También puede citarse: *Sus mujeres han cambiado las relaciones naturales [...]; e igualmente los hombres, dejando la relación natural con la mujer, se han abrasado en deseos de unos por otros* (Romanos 1:26-27).

»Es importante ser claros y contundentes, ser homosexual no es estar condenado... la carta a los obispos de la Iglesia católica sobre la Atención Pastoral de las personas homosexuales, comenta lo siguiente:

> *...aunque la inclinación de la persona homosexual no es un pecado, es más o menos una fuerte tendencia ordenada a una acción moral intrínsecamente errónea. Por lo tanto se ha de tener especial preocupación y atención pastoral hacia quienes tienen tal condición, no vaya a ser que lleguen a creer que la vivencia de tal orientación en la actividad homosexual es una opción aceptable. No lo es.*

»Estoy seguro de que la gran mayoría de homosexuales que escucharan estas palabras, estarían molestos conmigo... sí, entiendo que sea difícil pedirles que cumplan con la castidad, así como se les pide a quienes no están casados o a quienes eligen una vida de monja o sacerdote... No quiero decir, porque no lo es, que la homosexualidad sea una enfermedad; la Iglesia les pide de manera comprensiva y sabedora del gran sacrificio que representa, que los que tienen inclinaciones homosexuales practiquen la castidad. Dios sabrá de su esfuerzo, lo valorará totalmente, y lo recompensará con su justicia divina».

—De plano estás loco —comentó con cierto cansancio.

—Ahora bien, la Iglesia tampoco aprueba la adopción de hijos por parte de parejas del mismo sexo, pues la estructura de una familia es consecuencia de la unión entre un hombre y una mujer mediante la procreación. Para el catolicismo la familia tiene una importancia total para lograr una sociedad más ordenada y justa, así como para continuar promoviendo las creencias y valores del catolicismo. Las figuras maternal y paternal son muy apreciadas para un buen desarrollo del niño, si falta alguna por razones de fallecimiento de uno de los cónyuges, es una pena que puede, en materia de educación y de formación, ser disminuida con un gran esfuerzo y amor sin límites. Pero quitarle voluntariamente a un niño la oportunidad de tener un padre y una madre no es aceptable. Por supuesto que la Iglesia ve con muy buenos ojos la adopción de niños desamparados, pero por parejas heterosexuales, no por privar a nadie de nada (en este caso a los homosexuales), más bien por el propio beneficio del infante, que creemos tendrá un mejor desarrollo en el seno de una familia con mamá y papá.

—No estoy de acuerdo —Pepe dijo molesto—, imposible que todo niño tenga mamá y papá.

—Pero es lo que se debe de intentar. El amor tiene muchas manifestaciones, y por supuesto que se puede expresar sin necesidad del sexo. Cuidado, no nos confundamos, no es que el sexo esté mal, pero hay que entenderlo como una actividad de entrega total, desinteresada, y llena de amor... de lo contrario es un acto alejado del amor.

»La Iglesia nos dice que hay que amar a todos sin diferencia alguna; está en contra de toda discriminación. Todo homosexual tiene derecho a amar y a ser amado, al igual que todos, aunque es complicado lo que pide la Iglesia respecto a que el sexo solo sea entre hombre y mujer, de manera amorosa; lo que no sea así, no es aceptado... se pide la castidad, la difícil pero muy útil y espiritual castidad...».

—Pues tratas a los homosexuales en forma discriminatoria, argumentas que no pueden vivir de la misma manera que los heterosexuales —prácticamente me regañó Pepe.

—No, por supuesto, hay y habrá santos homosexuales.

»La Iglesia, eso sí, y cada quien lo sabe por dentro, nunca podrá estar en contra del amor… cada quien, independientemente de sus preferencias sexuales, deberá de hacer un ejercicio interno serio para saber cómo manifestar su amor…».

—Lo que creo es que tu concepto del amor es una patraña —pronunció Pepe de manera tajante—, ándale, paga las cervezas que ya me voy.

4

Los anticonceptivos

*P*epe llegó a mi casa, visita inesperada como era su costumbre, aunque la verdad siempre me da gusto que venga a hacerme un poco de compañía. Después de poner música, nos sentamos para platicar. Empezamos a hablar de quién sabe qué cosa, cuando de repente en el departamento de al lado, el bebé de mis vecinos empezó a berrear con unos gritos terribles y sinceramente molestos.

—Ay, me cae que yo les hubiera regalado una buena dotación de anticonceptivos a tus vecinitos antes de que tuvieran al chamaco ese, ¡qué manera de chillar! —dijo Pepe, y se me quedó viendo de manera rara, con una sonrisa un tanto malévola, y comentó en tono irónico—. Ah, la Iglesia no acepta los anticonceptivos, ¿verdad?

—No, no los acepta.

—Espérame tantito —expresó como si estuviera asustado—, en eso sí no estarás de acuerdo, ahora sí que no digas pendejadas —concluyó.

—No se trata de si estoy de acuerdo o no —aseguré—, así es, y tiene su razón de ser.

Peló los ojos, y relajadamente me retó:

—A ver, ¿qué sentido tiene eso?

Jalé un poco de aire y, tomando fuerzas de paciencia, comencé a platicarle:

—La no aceptación de los métodos anticonceptivos no naturales, es uno de los temas por los cuales la Iglesia recibe más ataques y calificativos de retrógrada, arcaica y desconectada de la realidad del mundo.

—¡Pero por supuesto! —interrumpió—, son jaladas.

—Yo sé que se culpa a la Iglesia de promover la sobrepoblación mundial, la pobreza, los hijos olvidados —le comenté—. ¡Como si al catolicismo le interesara un mundo con carencias! No, no es una organización malvada, todo lo contario. Sencillamente, considera que para llegar a una sociedad más ecuánime y equitativa, se debe luchar, batallar, hacer esfuerzos. Las comodidades desmedidas solo resultan en un estancamiento, incluso en retraso social.

—No, bueno, mejor hablamos de ciencia ficción, ¿no? —intervino Pepe.

—Ya güey —le dije—, ahora me escuchas... por supuesto que el uso de anticonceptivos es un asunto de moral; los católicos pensamos y creemos que la moral católica ha sido establecida por Dios y no tenemos derecho a rechazarla ni intentar cambiarla, tampoco seleccionar cuáles de sus principios son válidos, pero eso sí, debemos hacer lo posible por entenderla. Mucho cuidado con perder el sentido del pecado. No se trata de acomodar principios según nuestra conveniencia.

—Entonces se trata de no tener voluntad y hacer lo que te digan —objetó.

—No, la cosa no es esa —le respondí tajante—, la Iglesia nos guía, creo que ya te había dicho que como seres humanos debemos de ser humildes y estar conscientes de que en realidad no sabemos qué es lo mejor para nosotros.

—Pero, ¿cómo va a querer la Iglesia que no tengamos sexo si es una bellísima característica humana?, para mí que sí acepta la anticoncepción y tú estás equivocado —me debatió.

—No, la Iglesia no acepta la anticoncepción —continué— más bien promueve el sexo responsable. Está de acuerdo con tener relaciones, por supuesto, dentro del matrimonio y bajo métodos naturales para prevenir embarazos no deseados.

»Ahora, es muy importante no olvidar que la Iglesia ve al matrimonio para la formación de una familia. El acto conyugal tiene dos grandes significados: el unitivo, dador de amor; y el procreador, dador de vida».

—¡Qué responsable para el mundo, llenarlo de chilpayates! —comentó con una sonrisa en la boca.

—Muchos dicen que la Iglesia quiere que nos llenemos de hijos a montones —discutí—, nada más alejado de ello... quiere, sí, que tengamos familia, pero de manera responsable. Al ser conocedora de nuestra libertad y voluntad, propone relaciones sexuales no por motivos exclusivamente placenteros ni como combatientes del tedio y el aburrimiento, más bien como verdaderas muestras de amor con toda sinceridad y como un camino promotor de la vida. Hay que entender que no es un asunto de tener sexo porque sí, sino con motivaciones, con espiritualidad, con sentido.

—Pero es muy sano tener relaciones sexuales a diario, incluso varias veces —aseguró.

—Nadie se enferma por no tener relaciones sexuales cada día—expresé, intentando dejarle en claro que estaba exagerando—, ninguna pareja que se ame tiene motivos para tener problemas si vive una vida sexual con paciencia, pero con la intensidad necesaria para hacer de cada unión una expresión de amor totalmente especial.

»El matrimonio no puede girar solo alrededor del sexo; sí, claro, es súper importante para el éxito conyugal, pero la Iglesia no propone una esclavitud de acuerdo con los deseos corporales, alejados de un sentido de amor puro».

—¡Qué amor puro ni qué ocho cuartos! —arremetió gritando.

—La Iglesia —seguí hablando convencido— promueve la fidelidad, las relaciones sexuales maritales, la responsabilidad de nuestros deseos, la abstinencia... de ninguna manera eso quiere decir que promueva la propagación del SIDA, la sobrepoblación, o los embarazos en madres solteras.

»Para la Iglesia primero está el amor, luego el sexo; entre otras cosas, por eso no promueve el uso de anticonceptivos, pues promovería entonces una vida controlada por los deseos, por las pasiones, por los instintos, por algo que va más lejos de ser la dignidad humana.

»Estoy convencido de que se puede gozar de la vida plenamente sin sexo diario, vaya, sin tener relaciones cada que uno esté con ganas de... Pienso que para disfrutar de los actos sexuales plenamente, es muy importante tomar en cuenta dos grandes virtudes del ser humano: la inteligencia, saber cuándo y por qué; y la voluntad, saber manejar nuestras calenturas y controlarlas para los momentos que impliquen amor como manifestación por la unión entre el hombre y la mujer».

—¿Y qué hay de las pasiones tan nuestras, tan de los hombres? —me interrogó.

—Me parece útil hablar de las pasiones —expliqué, agradecido de que tocara el tema—, para ello consulto y te muestro el Catecismo de la Iglesia Católica —acerqué mi mochila y saqué varios libros para leerle lo siguiente:

> ...*El término «pasiones» pertenece al patrimonio del pensamiento cristiano. Los sentimientos o pa-*

siones designan las emociones o impulsos de la sensibilidad que inclinan a obrar o a no obrar en razón de lo que es sentido o imaginado como bueno o como malo... Las pasiones son componentes naturales del psiquismo humano, constituyen el lugar de paso y aseguran el vínculo entre la vida sensible y la vida del espíritu. Nuestro Señor señala al corazón del hombre como la fuente de donde brota el movimiento de las pasiones (cf. Marcos 7:21)... *Las pasiones son numerosas. La más fundamental es el amor que la atracción del bien despierta. El amor causa el deseo del bien ausente y la esperanza de obtenerlo. Este movimiento culmina en el placer y el gozo del bien poseído. La aprehensión del mal causa el odio, la aversión y el temor ante el mal que puede sobrevenir. Este movimiento culmina en la tristeza a causa del mal presente o en la ira que se opone a él...*

»*Amar es desear el bien a alguien* —dijo Santo Tomás de Aquino; y San Agustín escribió—: *Los demás afectos tienen su fuerza en este movimiento original del corazón del hombre hacia el bien. Solo el bien es amado... Las pasiones son malas si el amor es malo, buenas si es bueno.* —Por último, recalqué—: El uso de anticonceptivos sin reflexión puede llevarnos a pensar que *el otro cuenta en cuanto me satisface y no como persona*; a utilizar a la pareja como objeto, no como ser amado... un riesgo fuerte, penoso».

—Ummmmm —con cierta flojera balbuceó.

—Cuidado —intenté llamar su atención, y le dije—, el amor puede quedar reducido a genitalidad, es decir, al nivel físico de la sexualidad, y esa sexualidad al instinto pasional y no racional. Lo animaliza, lo degrada.

»Por supuesto que la Iglesia no puede promulgar de manera abierta ante sus millones de fieles: "usen preservativos, tengan sexo sin compromiso". Se tiene la obligación de promover el amor, no la satisfacción de deseos pasajeros... y sí, la abstinencia es una opción».

—¿Abstinencia? —estás loco.

—Quizá todos nos sentiríamos más cómodos evitando la abstinencia sexual... pero el catolicismo tiene su parte de sacrificio, el camino es difícil, pero premia... nos enseña a vivir plenamente, de manera intensa con las riendas de nuestras acciones, para así descubrir el verdadero amor, y por lo tanto, encontrar la plenitud terrenal.

»No dejarnos llevar por nuestros deseos inmediatos, dignificar nuestro cuerpo, ser conscientes de la importancia de nuestra intimidad sexual, no regalarla... así confía nuestra Iglesia que encontraremos la finalidad máxima de la unión del hombre y la mujer: el amor pleno».

Pepe se levantó, se dirigió a la puerta, y haciendo un movimiento de manos para despedirse, dijo:
—Qué bárbaro, eres de lo más anticuado.
Salió de mi casa.

5

Los lujos excesivos de la Iglesia

Estaba con Pepe tomando café en el centro, en un lugarcito que se encuentra afuera de un museo de la ciudad, donde se exhibía una exposición llamada Grandes Tesoros de la Iglesia. Siempre que salgo con él llevo apuntes, libros y demás, pues para su afán interminable de discutir necesito de ayuda externa, no quiero que me agarre desprevenido.

—Muchos afirman que la Iglesia tiene lujos excesivos, ¿será? Mira, ahí en el museo hay una muestra —preguntó con malicia—. Yo creo que sí —dijo.

—Es indudable que la Iglesia católica tiene construcciones majestuosas, artículos de valor incalculable, obras de arte únicas —afirmé—, al igual que existen esculturas de Budas bárbaras, sinagogas invaluables, mezquitas millonarias, etc. El hombre ha querido entregarle a su Dios lo mejor del mundo material, a manera de alabanza, de tributo, de adoración.

»La Iglesia católica no dice que Dios esté presente en las grandes catedrales, y que no lo esté en las más humildes capillas; Dios está en todas partes, y nosotros nos le podemos acercar en cualquier lugar, el más rico o el más pobre».

—Pues para mí es puro derroche de dinero a lo estúpido —afirmó.

—Estamos lejos del paraíso, la Tierra es un lugar fugaz e imperfecto; la vida eterna, donde reina una igualdad total, llegará más adelante. En este lugar lleno de desigualdad existen sitios con pobreza y riqueza. La labor de la Iglesia es llevar la palabra de Dios a cualquier parte.

»Los seres humanos tenemos lugares predilectos para adorar a nuestro Dios, para escuchar la Santísima Misa, muchos hacen donativos voluntariamente para la construcción de templos que se compartirán con los demás fieles. ¿Se les puede negar esto? No, por supuesto que no».

—Eso es muy elitista, el simple hecho de tanto lujo, dame una por buena, ¿no? —planteó.

—La Iglesia tampoco puede negarle la entrada a nadie a un lugar de culto —afirmé.

»Hay muchas críticas de que la Iglesia debería de vender todas sus pertenencias de valor, y utilizarlas para ayudar a la gente necesitada; pero, ¿cómo vender obras que son invaluables, y con una riqueza artística única? Imaginemos por ejemplo que se ponga a la venta la Capilla Sixtina, ¿qué se haría con ella?, ¿cuánto costaría? Imposible».

—Ya empezaste de exagerado, eres tan terco —me recriminó.

—Si repasamos la historia del México independiente, es increíble ver la cantidad de veces que ante cualquier dificultad se optaba por quitarle bienes a la Iglesia, ¿qué se consiguió?, nada, solo el enriquecimiento de unos cuantos vivales.

—Órale, ahora hasta de historia me vas a hablar, ¡de historia, qué bárbaro! —se burló de mí.

—Por razones históricas, que por ahora no vale la pena discutir, durante muchísimos años la Iglesia era el lugar donde muchos artistas expresaban su arte, y en esas propiedades se quedaron estas obras ahora a la vista de todos. ¿Acaso deberían estar en otros sitios? ¿En museos del gobierno? No lo creo —aseguré.

—Pero es incuestionable que la historia de la Iglesia está llena de abusos que tienen que ver con bienes materiales —expresó Pepe.

—Sería absurdo negar que a lo largo de su historia la Iglesia, manejada por hombres imperfectos, haya cometido abusos tales como adueñarse a la mala de terrenos, obligando a personas a trabajar para ellos, cobrar dinero de manera grosera para juntar riquezas... sí, cosas repudiables, las cuales no se deben repetir. Es el pasado, ya se ha pedido perdón. Ahora bien, ¿qué hacer en estos tiempos con lo que se obtuvo hace muchos años? Pues compartirlo con toda la humanidad.

»Es innegable también que la Iglesia católica en el mundo occidental ha hecho mucho, muchísimo, por la educación académica y artística; entre otras cosas, esto ha dado como resultado la obtención de todo tipo de objetos invaluables, así de sencillo».

—¿Así de sencillo? Ja, ja, te estás yendo por la fácil —me retó.

—Eso sí, la Iglesia católica al ser seguidora fiel de la doctrina de Jesucristo, debe ser desapegada, caritativa y promotora de una justicia social, de una igualdad; por supuesto, nunca mediante la violencia ni el escándalo.

—Pero hacen lo contrario —alegó Pepe.

—Hoy por hoy —debatí—, son muchos los misioneros, los educadores, los asistentes sociales, que en nombre de la Iglesia católica trabajan en forma ardua para el bien común. Cualquier integrante de la Iglesia, que somos todos los bautizados, si no hacemos algo por los demás... estamos haciendo mal.

—Pues no queda muy claro eso —refutó. Entonces saqué mis libros, y le dije:

—En la Biblia, de manera clara se afirma: *Porque tuve hambre y ustedes me alimentaron; tuve sed y ustedes me dieron de beber. Pasé como forastero y ustedes me recibieron en su casa. Anduve sin ropas y me vistieron. Estuve enfermo y fueron a visitarme. Estuve en la cárcel y me fueron a ver* (Mateo 25:35-36). Algo que debemos hacer, quizá con ciertas variantes y ampliando el círculo de acción, pero queda claro que hay que tenderle la mano al prójimo, y esto representa no acumular lujos y bienes de manera absurda.

»La Iglesia es clara con lo que son las obras de misericordia corporales, no hay espacio para las dudas: dar de comer al hambriento, dar de beber al sediento, vestir al desnudo, visitar a los enfermos, asistir al preso, dar posada al caminante, y sepultar a los muertos. En la Iglesia hay lugar para los caritativos, no para los que quieren acumular lujos... los materialistas».

—¡Pero hay muchos ejemplos de que hacen lo opuesto! —comentó levantando un poco la voz.

—Sí, la Iglesia se ha... nos hemos equivocado, es momento de cambiar las cosas. No solo los religiosos deben hacer votos de pobreza, también nosotros, ya que fuimos bautizados; no tenemos que acumular riquezas excesivas e innecesarias, debemos ser humildes, sencillos y, sobre todo, caritativos. No es conveniente que desarrollemos un un apego a los bienes materiales, debemos estar conscientes de que tenemos muchos prójimos que necesitan nuestra ayuda, y es bien visto por el Señor y justo con la humanidad misma el compartir lo que hemos recibido, sí, con el esfuerzo de nuestro trabajo, pero también con la ayuda de Dios.

»Todos, todos los que somos parte de la Iglesia, sin excepción alguna, estamos llamados a erradicar la dolorosa pobreza del mundo, así como a promover la dignidad terrenal del ser humano.

»Y créeme que tus puntos de vista tienen fundamento, lo acepto, existen muchísimos católicos preocupados por el tema. Lamentablemente, parece que nos hemos alejado de quienes no tienen nada, de quienes viven en la miseria. Se están tomando acciones, quizá no a la velocidad que se requiere, pero hay un lineamiento firme y claro para solucionar este conflicto tan real y tan triste. El Papa Francisco ha sido muy claro, se necesita una Iglesia para los pobres. Ese es su sueño, quizás su prioridad. Jorge Mario Bergoglio eligió su nombre para honrar e imitar a San Francisco de Asís, aquel hombre que renunció a la riqueza material para dedicarse a la veneración de la naturaleza y al cuidado de quienes vivían en pobreza extrema.

»Sin importar su ocupación o sus ingresos, el católico debe estar siempre desapegado de los bienes materiales, tal como hicieron Jesucristo o San Francisco de Asís. No podemos pensar en católicos que no estemos dispuestos a ayudar a todos nuestros hermanos que venimos de un mismo Dios, del mismo Creador. Es imposible amar sin dar, y todas las enseñanzas de la Iglesia se basan en el amor. Insistiré siempre en los delicados errores que hemos cometido en nuestra categoría de integrantes del catolicismo, pero debemos cambiar y reparar las consecuencias de nuestras equivocaciones.

»Nuestro Papa Francisco es claro, no quiere varias Iglesias, quiere una sola en la que no se catalogue a los fieles como pobres ni ricos, sino más bien como auténticos hermanos. Se trata de ir un tanto en contra de los esquemas actuales para convertir a nuestra desordenada sociedad en una más armoniosa. Imposible que en el mundo no existan pobres ni ricos desde el punto de vista económico, pero los católicos debemos de compartir en forma caritativa, sin abusar, sin discriminar, siendo activos para procurar el progreso.

»Que los que tengan compartan, no solo con regalos, más bien con tiempo, con cariño, con comprensión, con la generación de empleos, con el trabajo que busque el bien común.

»Todo esto lo sabemos perfectamente, lo sabíamos, pero el llamado Papal necesita ser atendido, es clave ser ejemplo, no solo con palabras sino con acciones».

—Pues apúrenle a cambiar —dijo Pepe, levantándose de la silla y dejándome solo.

6

¿Poca participación de las mujeres en la Iglesia?

—Muchos aseguran que la Iglesia le da un trato de menor importancia a las mujeres, puede parecerlo, pero no es así —le comenté a Pepe cuando íbamos en el coche, y a nuestro lado vimos una camioneta con monjas a bordo.

—No chingues, más claro ni el agua, siempre las mujeres han recibido un trato bien chafa de parte de la Iglesia —afirmó Pepe muy seguro.

—Habrá que partir, primero, del punto de que para la Iglesia no hay católicos más importantes que otros, quizá como organización existirán diferentes funciones, pero todos tenemos la misma relevancia y, más que nada, todos perseguimos el mismo fin: alcanzar la Gloria Eterna, llegar al paraíso.

—Pues no sé en el paraíso, como tú le dices, pero aquí los hombres las ven para abajo, es evidente, siempre un cabrón puede sobresalir más que una mujer —reprochó.

—La Iglesia no piensa que por desempeñar X o Y papel en la institución, tendremos o no acceso al encuentro con Dios cuando llegue el final de nuestros días, y eso es lo más importante para un ser humano; para eso vivimos y para eso morimos —argumenté con confianza.

»La Iglesia es —continué—, sin duda alguna, una institución de tradiciones que le da gran relevancia a su historia. A pesar de que hay pasajes en que el catolicismo ha realizado algunos cambios, está siempre resguardando sus bases establecidas en el inicio de sus tiempos. Hay muchas mujeres que han llegado a alcanzar el rango de santas, sin necesidad de haber sido sacerdotisas. Lo comento porque sobre esto existe un gran debate y crítica hacia la Iglesia, ¿por qué solo los hombres pueden ser sacerdotes? Lo cual es por tradición, por costumbres que han formado su historia. Pero eso de ninguna manera hace menos a las mujeres, no ante los ojos de los católicos».

—Ándale pues, tú y tus tradiciones —se mofó él.

—Las mujeres que decidan dedicar sus vidas en su totalidad al servicio de Dios, renunciando al «mundo exterior», a la formación de una familia, a la posesión de bienes materiales, entre otras cosas, tienen grandes opciones que sin duda alguna son valoradas por la Iglesia y por los católicos en general.

»Su ejemplo como monjas al educar, sanar, difundir la palabra de Dios, etc., es verdaderamente digno de admirarse. Su amor a Dios sobre todas las cosas resulta maravilloso, inspirador.

»En relación con el tema, el Catecismo de la Iglesia Católica dice: *Solo el varón recibe válidamente la ordenación. El señor Jesús los eligió hombres para formar el colegio de los 12 apóstoles, y los apóstoles hicieron lo mismo cuando eligieron a sus colaboradores que les sucederían en sus tareas*».

—Pues esos «argumentos» ya tienen un ratote, ¿no? —expresó Pepe con aires desacreditadores.

—Te explico más —le dije—, pueden ellas dirigir la celebración de la palabra de Dios, pero no presidir una misa. También ellas pueden administrar la comunión, pero no consagrar el pan y el vino. Creo que una institución debe mantenerse en su historia, respetar los pilares que la fundaron, de lo contrario se correría un terrible riesgo de caer en el caos total. Sí, hay que hacer cambios, pero solo los necesarios; cambiar los que pudieran considerarse como obstáculos para conseguir la santidad, pero este no es el caso.

»El que las mujeres no puedan ser sacerdotisas, no las excluye de que hayan jugado un rol clave en la historia de la formación del catolicismo. Me permito transcribir algunos puntos al respecto escritos por el llamado «Papa de la sonrisa», Juan Pablo I, en su exquisita obra *Ilustrísimos Señores* (Biblioteca de Autores Cristianos, 1978), donde habla de algunos casos de las mujeres en la Biblia:

> ... *en la misma carta a los Corintios, el Apóstol (San Pablo) había reconocido que las mujeres pueden profetizar, con tal que lo hagan con la*

cabeza descubierta... Una vez, encontrándose en Cesarea, permaneció algunos días, con San Lucas, en casa de Felipe, diácono y misionero, y no puso ninguna objeción a que las cuatro hijas de Felipe profetizaran. Finalmente, en los últimos años de su vida, recomendaba a Tito que instruyera a mujeres avanzadas en edad para que fueran maestras en el bien y supieran enseñar a los jóvenes... Por otra parte, ¿no había anunciado solemnemente el profeta Joel que en los tiempos mesiánicos profetizarían tanto los hijos como las hijas de Israel?... ¿Y no había declarado San Pedro el día de Pentecostés que la profecía de Joel se estaba cumpliendo y que el Señor derramaba su Espíritu sobre sus siervos y sobre sus siervas?... Tampoco antes de la venida de Cristo había faltado un profetismo femenino. Sacerdotes habían sido siempre y exclusivamente los hombres, pero el manto profético se había posado algunas veces sobre los hombros de ciertas mujeres... María, hermana de Moisés y Aarón, dirige durante una celebración religiosa, tímpano en mano y con el título de profetisa, los cantos de las mujeres y, más tarde, pone como testigo al pueblo de que Dios había hablado con ella... Débora, en tiempos del juez Barac, es una especie de Juana de Arco o, mejor, un Pedro el Ermitaño con faldas, que predica la Guerra Santa y anuncia la infalible victoria. Concede *audiencia en el nombre de Efraím, bajo la palmera de Débora, y a ella acuden los hijos de Israel para que decida sus asuntos... El sumo sacerdote Helcías, 621 años antes de Cristo, va, por orden del rey Josías, junto con otros insignes personajes, a consultar a la profetisa Julda, que vivía en Jerusalén, en el barrio Nuevo. Y la profetisa abre su boca de la misma manera que los profetas: Así dice el Señor... También Ana, viuda de ochenta y cuatro años, que se encuentra con Jesús en el templo y comienza a hablar de él por todas partes, recibe el título de profetisa.*

—¡Ah, pero qué choros te avientas! —en tono de flojera dijo Pepe.

—Y me falta —le aseguré— una prueba clara de la gran importancia que tiene la mujer para los católicos, es sin duda la inigualable devoción y culto que le rendimos a la Santísima Virgen María, a quien, para no ir tan lejos, le llamamos simplemente Madre.

»Podría aceptar que las mujeres no sean valoradas por la Iglesia católica, si se dijera que no pueden estar en presencia de Dios por la eternidad. Esa gracia es para hombres y mujeres».

—Pues tú y tus tradiciones no cambian lo que es evidente actualmente —me apuntó Pepe en lo que bajábamos del coche.

∞

7

La pederastía

Echando tacos frente a la tele del restaurancito, en un noticiero de un canal abierto de México, se informaba del caso de un cura pederasta arrestado en Estados Unidos. Estaba con Pepe, y pensé sin decir nada: *en la madre...*

—Me cae que no tienen madre tus padrecitos —con un tono de molestia dijo él— no me vayas a salir con una defensa de esas marranadas.

—No, pues eso no lo puedo defender.

—Por lo menos —suspiró.

—Pero sí hay cosas que decir al respecto —comenté en voz baja.

—¿En serio?, no tienes madre —se quejó.

Con toda la tranquilidad posible continué:

—Mira, primero hay que aceptar que varios sacerdotes de la Iglesia católica han cometido actos de pederastia, no se trata de tapar nada ni de guardar silencio, ni de buscar absurdas justificaciones.

»La pederastia es un gran pecado, un espantoso delito para cualquiera que lo cometa, sin embargo, cuando lo comete un cura, el tema toma un matiz aún más grave, pues se supone que ellos son guías espirituales, y al cometer esas porquerías desvirtúan su vocación, a la Iglesia misma, y hacen que los fieles se alejen del catolicismo».

—Todo eso es una mierda —casi gritó.

—Sí, lo es —asentí—. ¿Cómo pedirle a una persona que en su infancia fue víctima de abuso sexual que continúe fiel a la Iglesia? Es definitivamente imposible. Lo acepto y entiendo.

—Por lo menos lo aceptas —comentó ya más calmado.

—No es ni debe ser la pederastia una característica de nuestra Iglesia —continué—, se han dado muchos casos y de ninguna manera el tema puede pasar desapercibido. Tenemos que repudiarlo totalmente, sin pretexto alguno.

»Sin temor a equivocarme, me atrevo a decir que son mayoría los sacerdotes que se comportan con rectitud, sin embargo, el que tantos se hayan visto envueltos es esta asquerosidad ha manchado por completo a nuestra Iglesia».

—¿Lo puedes probar? —me interrogó.

—Con números, no —acepté, por lo que él esbozó una pequeña sonrisa—. Incluso es justo añadir que en la Iglesia también hay casos de encubrimiento, una falta prácticamente igual a la acción pederasta misma —con sinceridad le confirmé—. Quien haya ocultado un solo caso de estos, se convierte en cómplice.

»Me duele tanto esta situación, me avergüenza profundamente. Yo soy parte de la Iglesia, como todos los bautizados lo somos y, por principio, debemos aceptar la realidad y afrontar este problema tan doloroso».

—Pero no hacen nada —afirmó.

—Sí, reconocer la situación, no ocultarla, enfrentarla, pedir perdón, y hacer todo lo posible para que no se vuelva a dar un caso más —intenté convencerle.

»El que fuera Papa, Benedicto XVI, entre muchas otras cosas al respecto, dijo:

No puedo más que compartir el horror y el sentimiento de traición que muchos de ustedes han experimentado al conocer estos actos pecaminosos y criminales, así como del modo en el cual las autoridades de la Iglesia los han afrontado... Que nadie imagine que esta penosa situación se podrá resolver en breve tiempo. Se han dado pasos positivos, pero todavía queda mucho por hacer... Ha sido traicionada su confianza y su dignidad ha sido violada. Muchos de ustedes han experimentado que, cuando eran suficientemente valientes para hablar de cuanto les había ocurrido, ninguno les escuchaba.

Y agregó:

Les exhorto a asumir la responsabilidad de los pecados cometidos y a expresar con humildad su arrepentimiento. Dios exige que rindamos cuentas de nuestras acciones sin esconder nada, reconocer su culpa y someterse a las exigencias de la justicia.

»Me parecen claras, contundentes y directas estas palabras, aunque sé que a muchos no satisfacen».
—A mí tampoco —dijo.
Pero yo continué, casi ignorándolo:
—Sin embargo, es momento de ver para adelante, no olvidar, pero sí tomar muy en cuenta que hay que aprender de estos terribles errores para que no se repitan. Queda claro que la Iglesia desde dentro tiene que cambiar profundamente, confío en que así será, no por magia, más bien por un fuerte ejercicio, por un esfuerzo valiente. Habrá que hacer todo lo posible para que los sacerdotes pederastas sean expulsados de la Iglesia, y sean entregados a las autoridades correspondientes. También es importante confiar en la justicia perfecta de Dios en la vida eterna.
—¿Y tú, que te dices parte de la Iglesia, qué? —me interrogó.
—¿Qué podemos hacer los católicos laicos? Es difícil, pero claro que hay tareas que podemos cumplir, tales como estar muy unidos y al pendiente de nuestra comunidad religiosa, apoyarla, estar con ella

y vigilar todo lo que hace. También será útil apoyar con todas nuestras capacidades los seminarios, procurar que los próximos sacerdotes estén bien preparados, centrados. Y por supuesto nosotros debemos predicar con el ejemplo, llevando una vida ordenada.

—Creo que eso de nada sirve, lo siento —expresó sin sentirlo.

—Cuando escuchemos un ataque a nuestra religión en relación con el tema —dije como si fuera confesión—, no hagamos oídos sordos, involucrémonos en la plática aceptando los errores, pero dando un mensaje de la sincera intención que tenemos por cambiar las cosas.

»Muchos dicen que los abusos sexuales de algunos sacerdotes son consecuencia del celibato, del voto de castidad, no permitamos ese argumento. En estos tiempos en que parece que todas las actividades sexuales son permitidas, nadie tiene derecho siquiera a cuestionar la opción del celibato; en este, no hay privación alguna de la libertad, nadie obliga a practicarlo, es una decisión libre que se adopta al querer ser cura, con un sentido de espiritualidad, de sacrificio y de entrega total a Dios».

—Pues yo pienso que eso de no tener relaciones sexuales no es natural —afirmó.

—Escúchame, por favor —intenté continuar—, la pederastia va en contra de los mandamientos de Dios, es un acto impuro de consecuencias terribles que de ninguna manera puede justificarse ni ocultarse, todo lo contrario.

»Nuestra misión en la Tierra es hacer el bien al prójimo, y todo lo que se refiere a la pederastia es, sencillamente, lo contrario. Esta Iglesia manejada por hombres está llena de errores, pero esa no es excusa para caer en el pecado. Siempre debemos estar en un permanente combate contra él. Hay que orar por la fuerza de voluntad, por las verdaderas vocaciones, por una sociedad justa sin estos desafortunados abusos».

—Es que deberían de cuestionar sus vocaciones —apuntó.

Sin intentar engancharme, dije:

—Y reconozcamos, difundamos la obra de los buenos sacerdotes que, estoy seguro, son los más. Que su bondad no pase desapercibida ni sea opacada por los graves errores de unos cuantos que pagarán por sus faltas, si no es aquí en este mundo (que espero así sea), lo harán a la hora de rendirle cuentas al Creador, no tengo la menor duda.

»También mi invitación a rezar con fe por las víctimas de estos abusos, para que encuentren consuelo, fuerzas para vencer el dolor, y también valentía para la denuncia».

Pepe ya no dijo nada; con cara de que soy un necio, me miró y cambió el tema.

∞

8

¿Exceso de poder en la Iglesia?

Estaba leyendo un periódico en la banca del parque que está enfrente de mi casa, cuando apareció Pepe, metiche como es tomó sin solicitarlo parte del diario. Se concentró en unas declaraciones con tintes políticos que había hecho un obispo, y me dijo:

—Ay, tu Iglesia, muy al servicio de Dios, pero siempre con un poder bárbaro.

—La gran mayoría de las culturas del mundo —dejando mi lectura a un lado, comenté— a lo largo de la historia han presenciado, en mayor o menor grado, una concentración de poder de parte de los líderes espirituales. Más allá de simplemente guiar a los fieles, los religiosos han adoptado papeles que no les corresponden y afectan directamente el desarrollo de los seres humanos. La Iglesia católica no ha sido ajena a esta tendencia. No es justificación si prácticamente todas las religiones lo han hecho, el catolicismo no tiene motivos válidos para hacer lo mismo.

—Eso, me gusta cuando te pones un poco crítico —dijo con una sonrisa en la boca.

—Al haber tenido la Iglesia Católica un desarrollo tan extenso —seguí—, es un hecho que ha marcado definitivamente gran parte del manejo del mundo. Los líderes católicos han estado en política, recaudación económica, control educativo, actos de corrupción, etc. Sí, la historia de la Iglesia católica está llena de capítulos vergonzosos en los que, sirviéndose de un incuestionable poder, ha cometido abusos de muchas índoles.

—Y aún así tú sigues de necio apoyándola —sin más, me regañó.

—Pues sí, la apoyo porque afortunadamente estos abusos de poder han dejado una clara lección en la Iglesia para no volverlos a cometer. Ha aprendido que el catolicismo no es un utensilio de control, al contrario, es un camino libre que todos estamos invitados a recorrer con la finalidad de guiarnos hacia la vida eterna, no más.

—Pero no han aprendido del todo —me retó—; tienes razón en parte, porque es justo decir que desafortunadamente muchos dirigentes católicos continúan pensando que su liderazgo les da derecho a la imposición, la soberbia y la presunción de tener la única verdad.

—Por supuesto, los católicos pensamos que nuestra Iglesia es la verdadera, la única fundada por Jesucristo, la que sigue cabalmente sus principios, pero de ninguna manera tenemos derecho a descalificar a nadie, ni cuestionar de manera ofensiva las creencias ajenas.

—Bravo, ahora sí te aplaudo—expresó con un tono más o menos emotivo.

—Pues claro —respondí—, la bondad o maldad de un ser humano va más allá de la religión que practique. Jesucristo estuvo, platicó y reflexionó con muchos que no eran afines a sus principios, a sus creencias, incluso ofreció el Reino de los Cielos a aquellos que se arrepintieran, que eran buenas personas.

»Nuestro Señor Jesucristo, el más importante, el más poderoso de todos, ¡se hincaba para lavar los pies de otros!, un signo de humildad único, del cual debemos todos aprender y seguir su ejemplo; humildad, la humildad es necesaria dentro de nuestra Iglesia».

—Es que es eso, deberían de imitar a Jesús —tajantemente comentó.

—Los tiempos en que se ha desarrollado nuestra Iglesia —intentando ser claro, seguí— han confundido a sus líderes, y han confundido el sentido de liderazgo por el de poder; nunca más, no lo debemos permitir, ya no.

—La Iglesia no tiene motivos para estar en la política, pero ha estado —interrumpió.

—Sí, claro que ha estado —consideré—, pero ahora se debe entender que solo puede involucrarse en la política para protestar ante acciones que realizan ciertos gobiernos que van en contra de la dignidad, de la libertad del ser humano.

»La humildad, la sencillez, el rechazo a la acumulación de riquezas, necesariamente deben ser características de nuestra religión. La Iglesia católica debe tener su fuerza dentro de sus servicios, en su ejemplo, en su doctrina, en ninguna otra parte. El catolicismo debe de servir al prójimo, no exigirle su sumisión para acumular poder, para controlar. Estamos para ayudar, no para que nos ayuden, no debemos permitir que se nos sirva de manera injusta y ventajosa».

—No me niegues que la Iglesia tiene poder —de manera brava afirmó esperando respuesta.

—Sí, la Iglesia debe de tener poder, pero no ese que exige el aprovechamiento para beneficios propios, debe de tenerlo para servir, para orientar, para conducir al ser humano hacia las lecciones que le permitan seguir los planes de Dios.

»Quien aproveche su papel de Papa, obispo, cardenal, sacerdote, para sacar provecho personal —me pareció justo aclarar— está cometiendo una grave falta, esa que va en contra de la obligación con Dios de servicio puro y desinteresado. Actualmente se dan algunos casos, sin duda hay que erradicarlos, pero son los menos. Al conocer a fondo a tantos misioneros y religiosos (de ambos sexos), no tengo duda en afirmar, con orgullo, que la mayoría tiene una vocación de servicio única.

»*Dar hasta que duela*, fue lo que dijo la Madre Teresa de Calcuta, la misma que afirmó que el lugar del hombre está en el lugar donde su hermano lo necesita. Sigamos su ejemplo».

—¡Como si fuera tan sencillo, no manches! —señaló con un tono molesto.

Sin perder concentración proseguí:

—Y por supuesto los católicos «comunes» tenemos el encargo de servir, de ayudar, de compartir... nunca de cosechar poder. No olvidemos que Jesucristo, teniendo el poder absoluto de controlar todo lo que existe en esta Tierra, capaz de hacer milagros, renunció a utilizarlo y no sucumbió ante el sufrimiento humano que sentía, ante el dolor inimaginable que experimentó por su condición de hombre, y que lo llevó a su cruenta muerte en la cruz.

—Parece que nada más estás fantaseando, es muy fácil hablar —expresó como si todo lo que le dije no existiera, dejándome solo.

9

La «renuncia» del Papa

*T*erminamos de aventarnos una cascarita... todos se estaban yendo, y decidimos Pepe y yo comprar unos Gatorades e irlos tomando mientras nos dirigíamos al coche por el caminito que llevaba al estacionamiento que rodeaba la cancha de futbol.

Cansados, a paso lento, no hablábamos mucho, alguna que otra cosa que había ocurrido en el partido, y boberas similares.

Con esa manera tan especial para darle giros espectaculares a las conversaciones, Pepe me pregunto:

—Oye, ¿y por qué renunció el Papa?

Acalorado, con la rodilla inflamada, y mi mente todavía en los goles que había fallado, me agarró por sorpresa, por lo que guardé un momento de silencio, y únicamente expresé:

—¿Perdón?

—Sí, que por qué renunció el Papa, está cañón, ¿no?

—Pues sí —contesté—, fue un asunto sorpresivo, inesperado para la mayoría de los católicos.

Tratando de polemizar, siguió:

—Pero eso deja muy en claro que la Iglesia católica está destrozada, hasta su «mandamás» le raja a seguir en el cochinero.

—No le rajó a nada el Papa, ni la Iglesia está destrozada —contesté—. Claro, como bien sabes, tiene muchos problemas, pero se deben enfrentar y solucionar. Es una realidad que los tristísimos conflictos por los que atravesamos quienes formamos la Iglesia, porque todos los bautizados somos parte de ella, tengan que aceptarse, pero deben terminar.

—Y, ¿entonces?...

—Entonces, ¿qué? —expresé.

—¿Por qué se fue Benedicto XVI? —cuestionó.

—Porque la edad ya no le permitía seguir en su cargo.

—Uy, pues por eso me gustaba —con su tono burlón me retó.

—Pues yo aplaudí su decisión —continué—, fue un verdadero acto de humildad, de inteligencia, de sabiduría. No tengo dudas de que tomar la decisión le resultó complicadísimo, pero queda muy en claro que lo que él quiso fue el beneficio de la Iglesia, y que el Papa tenga la vitalidad necesaria, desde un punto de vista humano, para enfrentar los retos que se presentan y hacer todo lo posible para que nosotros veamos cómo el plan de Dios se desarrolla en la Tierra.

—Para mí que vio muy fuertes los cocolazos, y mejor se hizo a un lado, ¿para qué seguir con broncas? Con el pretexto de que está ruco… —comentó.

—Si alguien aguantó y combatió los cocolazos como dices, fue él —proseguí—, fue frontal, valiente, humilde, tajante… no escondió nada, tuvo la humildad para ofrecer disculpas, y utilizó todos los recursos posibles para darle el rumbo correcto a los caminos que se estaban desviando en la Iglesia. Nos legó, sin dejar pasar tiempo, una obra intelectual y literaria bárbara, valiosísima, que siempre estará a nuestra disposición para cuando nos sintamos extraviados.

—¿Pero qué… Dios lo abandonó, o qué onda… por qué sintió que debía tirar la toalla? —lanzó esa especie de pregunta.

Con cierta molestia tomé la palabra:

—No, Dios no abandona a nadie, aún si así lo quisiéramos. Benedicto XVI, como tú, como yo, padecía de su naturaleza humana en el momento de su renuncia, el cuerpo envejece, el cansancio crece, las enfermedades se incrementan. Y más allá de aferrarse de manera improductiva a una función en la Iglesia, le cedió paso a otro por el bien de los fieles, no del propio.

—Pero como que tenía cara de mala persona, una mirada perversa, una sonrisa macabra —dijo, intentando extender la conversación.

10

Los Dogmas de Fe

Tenía algunos pendientes que sacar adelante, así que con mi mochila llena de papeles, estaba trabajando a la vez que desayunaba en un restaurante de esos que tienen las mesas muy grandes y sirven como escritorios. Llegó Pepe, quien me saludo amable, y sin pedir permiso se sentó y pidió una taza de café.

Empezó a ver los libros que me rodeaban y puso especial atención en uno de Stephen Hawking.

—Órale —dijo—, ¿tú con un libro científico?

—Sí, ¿qué tiene?

—Pues es que a ustedes los católicos no les gusta la ciencia, todo lo creen a ojos cerrados, según lo que les dice la Iglesia —aseguró.

—No, hay que saber separar las cosas, y es lo que intento.

—Ajá, ¿cómo no? —me dio el avión.

—A ver, escúchame —le dije, viéndole a los ojos—, el catolicismo es una religión, no es una teoría científica, por lo que requiere fe.

—Sí, esa es su salida, la siempre irracional fe.

—Es que sin fe no puede existir religión —afirmé.

—Pero la fe ya no va con estos tiempos —argumentó.

—Una religión como tal —intenté explicarle—, es una acumulación de creencias y, por lo tanto, no necesariamente se basa en asuntos racionales ni comprobables. Entiendo perfectamente que muchos estén en desacuerdo con esto, no les gusta seguir algo que no es científicamente comprobable.

—Pues yo soy uno de esos muchos —manifestó.

—En efecto, una de las características del catolicismo es que muchas de nuestras creencias son eso nada más... y no hay manera de comprobarlas. Esto no quiere decir que no tengan sentido, al contrario, lo tienen, sobre todo si buscas la vida eterna que, por cierto, tampoco tiene manera de ser demostrada «científicamente».

»Me interesa dejarte bien en claro, sin lugar a dudas, que el catolicismo no es una materia universitaria, ni una operación aritmética, ni un circuito de computadora, es un asunto de nuestra espiritualidad que decidimos seguir libremente, porque no obstante de que muchos fuimos bautizados sin conciencia, en cualquier momento la podemos abandonar libremente.

»Me atrevo a decir que casi todas las religiones tienen esta parte de fe, de creer en lo que no es comprobable, pero eso sí, nos llena internamente; a pesar de que no pueda demostrarse científicamente, nos llena espiritualmente».

—Por eso las religiones no le aportan nada al desarrollo de la humanidad —dijo sin dudarlo.

—Lo que creemos nos hace sentir bien individualmente. Si tenemos cuestionamientos ante algún dogma de fe, debido a nuestra propia naturaleza humana, tenemos la obligación de hacer lo posible por entenderlo, por saber de qué se trata... estoy seguro que con apertura y buena voluntad lo entenderemos. Para explicártelo utilizaré la definición que da Wikipedia, la cual me parece acertada —busqué entre mis papeles, y le leí:

Un dogma (del griego δόγμα, a su vez de δοκεῖν, dokein, «parecer») indica una creencia, doctrina o proposición sobre cuya verdad no se admiten dudas. Si bien los clásicos la emplearon para referirse en general a las afirmaciones de una persona o escuela, su uso contemporáneo está principalmente restringido a los principios que una religión afirma y cuyo acatamiento exige de todos los fieles.

El primer uso registrado en este sentido se remonta al Concilio de Jerusalén, y se conserva en el texto de Hechos 16:4, donde designa las instrucciones que el primer Concilio ecuménico dirigió a los protocristianos. En los textos de los Padres de la Iglesia el término pasó a indicar los preceptos instituidos por Jesús de Nazaret o por los apóstoles. De la escolástica data la distinción entre dogmas divinos, enseñados directamente por Jesús; apostólicos, enseñados por los apóstoles; o eclesiásticos, instituidos por concilios o Papas posteriores.

De acuerdo a la doctrina contemporánea de la Iglesia Católica Romana, un dogma es una proposición de fe o de moral revelada por Dios, transmitida por la tradición apostólica, y propuesta formalmente por la Iglesia a los fieles, sea por la autoridad papal, por un concilio o simplemente por el magisterio ordinario de la sucesión apostólica de los obispos. La creencia en los dogmas de fe es condición indispensable para la pertenencia a la Iglesia cristiana; de acuerdo al principio de extra ecclesiam nulla salus *(no hay salvación fuera de la Iglesia), se considera que la aceptación integral de los dogmas contenidos en el Catecismo es indispensable para la salvación del alma.*

Los dogmas incluyen tanto la doctrina explícitamente presente en el texto de la Biblia como la contenida en la Tradición y formalizada por la enseñanza eclesiástica (Magisterio). Los artículos del Credo, la infalibilidad del Papa, la Inmaculada Concepción de María o la transubstanciación de la hostia y el vino en la misa son ejemplos de dogmas de la segunda clase.

—Pues eso no me convence en nada.

—Si lo que quieres es negarme todo, ya ni para qué hablamos —de manera imperativa afirmé.

—No te pongas así, a ver, síguele.

—No me pongo de ninguna manera —expresé—, a ver, échale un ojo a estos papeles que hablan de los diferentes dogmas, ya me cansé de hablar.

Y le entregué unas cuantas hojas que se puso a leer, no sé con qué tanta atención, mientras yo volví a lo que estaba haciendo antes de que él llegara.

Dogmas sobre Dios
Dios existe;
La existencia de Dios es objeto de fe;
Dios es único y eterno;
Dios es uno y trino.

Dogmas sobre Jesús
Jesús es verdadero Dios, consustancial al Padre, e hijo de Dios;
Jesús poseyó las dos naturalezas, humana y divina, sin transformarse o mezclarse;
Cada una de las dos naturalezas en Jesús poseyó una propia voluntad física y una propia operación física;
Jesús se inmoló en la cruz como verdadero y propio sacrificio;
Jesús rescató y reconcilió al hombre con Dios por medio del sacrificio de su muerte en la cruz;

Al tercer día después de su muerte, Jesús resucitó de entre los muertos;

Jesús subió en cuerpo y alma a los cielos y está sentado a la diestra de Dios Padre.

Dogmas sobre la creación

Todo cuanto existe fuera de Dios ha sido creado de la nada por Dios en cuanto a la totalidad de su sustancia;

El mundo fue creado en el tiempo;

El mundo es conservado por la voluntad divina.

Dogmas sobre la Iglesia

La Iglesia fue fundada por Jesús;

Jesús instituyó a Simón Pedro como primero entre los apóstoles y como cabeza visible de toda la Iglesia, confiriéndole inmediata y personalmente el primado de jurisdicción;

El Papa posee la plena y suprema potestad de jurisdicción sobre toda la Iglesia, no solamente en cosas de fe y costumbres, sino también en la disciplina y gobierno de la Iglesia;

El Papa es infalible siempre que habla ex cathedra;

La Iglesia es infalible cuando define en materia de fe y costumbres.

Dogmas sobre María
María fue concebida libre de pecado;
María fue verdaderamente madre de Dios;
María ascendió en cuerpo y alma a los cielos;
María fue virgen antes, durante y después del parto.

Dogmas sobre la naturaleza humana
El pecado de Adán se propaga a todos sus descendientes por generación, no por imitación;
El hombre caído no podía redimirse a sí mismo;
El hombre consta de dos partes esenciales: el cuerpo material y el alma espiritual.

Dogmas sobre los sacramentos
El bautismo es un verdadero sacramento instituido por Jesús;
La confirmación es verdadero y propio sacramento;
La Iglesia ha recibido de Cristo la potestad de perdonar los pecados cometidos después del bautismo;
La confesión sacramental de los pecados está prescrita por Dios y es necesaria para la salvación;
La eucaristía es verdadero sacramento instituido por Jesús;
La unción de los enfermos es verdadero y propio sacramento instituido por Jesús;

> *El orden sacerdotal es un verdadero y propio sacramento instituido por Jesús;*
>
> *El matrimonio es un verdadero y propio sacramento instituido por la ley mosaica y confirmado por Jesús.*

Dogmas sobre el más allá (novísimos)

> *Existe el paraíso, que consiste en la visión de Dios;*
>
> *Existe el infierno, que consiste en el castigo del alma y el cuerpo;*
>
> *Existe el purgatorio, donde los muertos en pecado venial purgan sus culpas antes de acceder al paraíso;*
>
> *Jesús regresará para dar fin a este mundo;*
>
> *Todos los muertos resucitarán con sus cuerpos en el último día;*
>
> *Jesús juzgará a muertos y vivos y los enviará al infierno o al paraíso según su justicia.*

—Por cierto —le dije después de que terminó de leer—, me parece muy interesante y afortunado el comentario acerca del purgatorio que hace un tiempo hizo el Papa Benedicto XVI: *El purgatorio no es un lugar del espacio, sino «un fuego interior, que purifica el alma del pecado».* Es decir, no es un lugar que exista entre la Tierra y el cielo, es más bien un proceso interno en el ser humano.

—¿Y eso del limbo, a dónde se supone van los bebés sin bautizar? —me interrogó.

—En realidad, no existe como tal... eso no quiere decir que no tenga importancia el Sacramento del Bautismo, pero si no se lleva a cabo, no es que haya un lugar para quienes tienen como único pecado el que llamamos original. Muchas personas de gran sabiduría afirmaban su existencia, sin embargo, debates teológicos muy profundos lo han eliminado; de hecho, nunca fue Dogma de Fe. La Iglesia no conoce otro medio que el bautismo para asegurar la entrada en el cielo, pero también reconoce que la manera en que Dios interviene para la salvación de las almas no queda reducida a los sacramentos. Se mantiene que Cristo murió por todos y la vocación de todo hombre es llegar a Dios, por ello la Iglesia confía en el ofrecimiento por parte del Espíritu Santo a todos los seres humanos de la posibilidad de salvación gracias a la misericordia divina y, sobre todo, pensando en los niños que han muerto sin recibir el bautismo.

Pasó un rato, estábamos en silencio, y de repente me dijo:

—Suenan bonitas estas cosas, pero la verdad a mí no me dicen nada, parecen pura imaginación, o cosas de cuentito creativo.

—Pues es en lo que creemos, en lo que creo; insisto, no se pueden comprobar, pero me dan tranquilidad. Y aunque no sean comprobables por un método científico, le dan sentido a mi doctrina, no veo nada malo en ello.

—¿Nada malo? Puede ser, pero tampoco nada real —alegó.

—Si quieres que de manera material te compruebe algo, no lo voy a hacer, es imposible y lo sabes, no te hagas menso —le aseguré—. Estos son nuestros principios, nuestro código, nuestra fe. Cada uno tiene una gran historia y fondo, un gran contenido teológico.

»El catolicismo nos exige creer libremente, con amor y apertura, sabiendo que somos seres limitados, y que existe una inteligencia suprema. Humildad, para creer hay que tener humildad».

Dando un último sorbo a su café, comentó:

—Ándale, utiliza para eso tu libertad, yo la uso para otras cosas que sí son verdaderas.

Y se retiró, dejando sobre la mesa las hojas que le di a leer.

11

El infierno

Estaba en casa, sonó mi teléfono, y era Pepe...
—Oye, me quedé pensando en eso que leí de que existía un infierno... está de la fruta, chido tu Dios que castiga como si fuéramos niños, y además lo hace de la manera más cruel posible, no sé cómo puedes querer a alguien así.

Tomé aire, respiré profundo intentando hablarle relajado:

—Es todo un tema, escúchame, aunque a veces no queremos creerlo, o preferimos dejarlo olvidado, sí, el infierno existe.

—Eso del infierno a mí me parece un asunto de venganza —se quejó Pepe.

—No existe porque tengamos a un Dios vengativo, el infierno está porque es consecuencia de nuestra libertad y de cómo la llevamos; está por nuestras propias decisiones libres y conscientes.

»No olvidemos que para que en verdad cometamos un pecado debe haber pleno conocimiento y pleno consentimiento. No es un asunto de casualidad o de injusticia. Por eso debemos conocer nuestra religión y aceptar la responsabilidad de que solo nosotros somos quienes tomamos nuestras decisiones».

—Pero siendo como somos, entonces estamos en clara desventaja con la «divinidad» —comentó seguro.

—Claro que los hombres no somos perfectos, para eso tenemos la capacidad de arrepentirnos y de confesarnos. Dios es infinito, perdón —hice lo posible por aclararle—, es nuestro Padre, y sabe Él, mejor que nadie, nuestros errores y los motivos por los que los cometemos. No es ni cruel ni injusto, todo lo contrario.

—Pero siento que tienen una especie de reglamento general —apuntó— y entonces a todos se les juzgará como una gran masa.

—No debemos olvidar que el Juicio Final será personal —con tranquilidad proseguí—; como individuos, Dios sabrá perfectamente las características, debilidades e intenciones que tuvimos en nuestra vida.

»El infierno es una autocondena, pero no nos asustemos; si amamos, si trabajamos y si nos esforzamos como buenos católicos, lo evitaremos teniendo como gran premio el Paraíso Eterno con la incomparable presencia de Dios. Nadie está condenado, la historia la vamos escribiendo libremente, con nuestras decisiones, con nuestro propio historial».

—Pero eso del infierno suena muy gacho —se

quejó—, la neta es algo de lo que no se sabe nada, otra vez es pura imaginación.

—¿Cómo describir el infierno? —me pregunté en voz alta, y sacando unos apuntes intenté explicar el tema con mayor claridad—. Utilizaré las palabras, por demás acertadas, de Juan Pablo II:

> *Las imágenes con las que la sagrada Escritura nos presenta el infierno deben interpretarse correctamente. Expresan la completa frustración y vaciedad de una vida sin Dios. El infierno, más que un lugar, indica la situación en que llega a encontrarse quien libre y definitivamente se aleja de Dios, manantial de vida y alegría. Así resume los datos de la fe sobre este tema el Catecismo de la Iglesia Católica: «Morir en pecado mortal sin estar arrepentidos ni acoger el amor misericordioso de Dios, significa permanecer separados de Él para siempre por nuestra propia y libre elección. Este estado de autoexclusión definitiva de la comunión con Dios y con los bienaventurados es lo que se designa con la palabra infierno.*

»¡Tantas interpretaciones que han existido del infierno! Quizá la que más influencia ha tenido es la que plasmó en su célebre obra literaria Dante Alighieri, *La divina comedia*. Sin embargo, yo lo percibo como la ausencia de Dios, el no poder estar en su presencia por la eternidad, lo cual es definitivamente lamentable».

—Pero, ¿qué Dios no quiere ver a todos los que supuestamente son sus hijos?; neto, tiene maldad... —me interrogó.

—No, está difícil explicarlo, insisto, pero Dios es misericordioso, bueno, comprensivo... Él no quiere que nos condenemos, somos nosotros quienes renunciamos a su amor, y por lo tanto, somos nosotros los únicos responsables de darle la espalda a su presencia eterna, todo se traduce en una falta de amor.

»También es importante saber que la Sagrada Escritura utiliza sus referencias al infierno como un claro simbolismo que hay que entender a través del estudio minucioso, las preguntas y la investigación».

—Pues si yo fuera católico, me daría pavor el infierno —declaró con una falsa voz de alarma.

—No debemos temerle al infierno, más bien debemos confiar en la redención de los pecados, en la misericordia de Dios, y en nuestra libertad para actuar de acuerdo con los justos y bondadosos lineamientos que nos da nuestra Iglesia que, específicamente, promueven el buen desarrollo del ser humano para conseguir una felicidad terrena mediante la práctica del bien, y así podamos ayudar a nuestros prójimos para que también la consigan.

—Yo no podría rezarle a un Dios que sea juez —intervino.

—No veamos a nuestro Señor como alguien que solo juzga, mejor veamos en verdad a un Padre que nos quiere infinitamente, que nos está invitando a estar ante su presencia por siempre, y que nos da todas las herramientas para permanecer cerca de Él.

—Insisto —opinó Pepe—, no debería de existir el infierno.

—El infierno existirá para nosotros únicamente si renunciamos al amor y al perdón de Dios; si no lo hacemos, no nos llegará, no estaremos ahí. Claro que se puede, ¿por qué no?

»Las puertas del paraíso están abiertas, y nos están esperando. Cristo vino a la Tierra y nos otorgó la oportunidad de obtener el perdón divino, ese fue su gran triunfo sobre Satanás; Él vino a darnos la oportunidad de desaparecer nuestros pecados por medio del arrepentimiento sincero».

—Eso de la salvación —suspiró— está muy difícil, no sé cómo pueden vivir con eso.

—Tal vez sea difícil —le dije—, pero debemos de entendernos y aceptarnos; seamos humildes, reconozcamos nuestras faltas y pidamos perdón con un sincero arrepentimiento. Intentemos no volver a cometer pecados… estaremos con Él. Confiemos en nuestro Padre amoroso.

—¡Qué difícil confiar si hay un castigote de por medio! —exclamó—, de plano yo renuncio a todas esas ideas tenebrosas.

—¡No! —pronto apunté—, ¿por qué vamos a

renunciar a la más perfecta felicidad, al gozo eterno que nos está ofreciendo Dios?... ¿por la búsqueda de placeres mundanos, pasajeros e irrelevantes que nos dañan a nosotros y también a los demás? No hay justificaciones.

»La Iglesia nos guía, aprovechémosla».

—Pues aprovéchala tú con tus castigos, yo no le entro, ahí nos hablamos luego.

Y colgamos el teléfono.

12

El Demonio

Caminaba con Pepe por uno de esos pasillotes de un complejo cinematográfico, de esos que hay varios en la ciudad de México. Íbamos callados dirigiéndonos rumbo a la taquilla sin saber qué película veríamos, dependería mucho de la función que encontráramos en un buen horario. Estos enormes pasillos están decorados con distintos carteles de las cintas que se están exhibiendo, así como de las próximas que se estrenarán. Pepe decidió detenerse frente a un cartel donde se veía un crucifijo volteado y una figura, una especie de rostro espantoso. No me fijé bien en el título del filme, pero algo decía del Diablo.

—Ja, ja, ja —soltó unas fuertes carcajadas—, según el catolicismo, se debe creer en la existencia del chamuco... ¿a poco para ti existe?

—Sí —de inmediato respondí—, aunque claro, no como lo ponen en ese cartel.

—No mames, ¿neto?

—Por supuesto —comenté—, para mí existe el Diablo, el Demonio, el Maligno... o bueno, el chamuco, como tú le dices.

—Pero ve —hablaba mientras señalaba el cartel—, es un producto para cine, un personaje de ficción, un invento para sembrar terror, así como Freddy Krueger, Jason, La Llorona, o Chuky.

—Que lo hayan utilizado para diferentes fines, es entendible, así somos los seres humanos, sobre todo con las cosas que no podemos ver —seguí—, pero eso no quiere decir que no existe. Seguramente habrás visto muchísimas representaciones de él, incluso algunas que tienen seriedad, como en grandísimas obras de arte. ¿Cómo retratar al mal, cómo ilustrarlo? Nuestro lenguaje visual es limitado, y la capacidad humana para hacer representaciones visibles no es perfecta.

—A ver, a ver, a ver —con descalificación tomó Pepe la palabra—, pero ¿quién es el chamuco?, ¿de dónde viene?, ¿qué quiere?, ¿dónde está?, ¿cómo se habla con él?, ¿para qué existe? En serio que te pasas carnal, te la vuelas con tus jaladas.

Ya se nos había olvidado caminar, estábamos «amarrados» en el pasillo.

—Sabes bien —le reclamé— que no te puedo contestar todo así nada más, ni te puedo dar muestras irrefutables de estos temas.

—Claro, porque no existe —insistió.

—Te acabo de decir que sí creo en su existencia. Se menciona en varias ocasiones en la Biblia. Su historia, por supuesto que la conoces, no te hagas menso.

—¿Su historia? ¡Más bien su cuento! —me recriminó.

Ignorando la forma en que me descalificaba, y de su clara disposición a seguir haciéndolo, intenté continuar:

—Lucifer, bien sabes, es aquel ángel que quiso ser superior a Dios, que lo envidia, lo reta y lo aborrece, por lo tanto quiere que no estemos en su presencia. No soporta la bondad del Señor, y le es intolerable que vayamos a contemplarlo en la vida eterna. Satanás nos quiere a su lado, y desea que le demos la espalda al que nos ha brindado todo.

—¿Andas pedo? —con una falsa expresión de preocupación me cuestionó, y por supuesto que a esa pregunta sin sentido no le respondí. Pero intentando ser más sencillo, con bases terrenales, me esforcé para que mis conceptos tuvieran sentido.

—Estamos rodeados de placeres mundanos que, aparentemente, nos brindan una felicidad total, pero no solo somos materia, somos mucho más. El Maligno nos quiere hacer creer que lo que tenemos aquí y ahora lo es todo. Tiene varias manifestaciones, todas, siempre y cuando nosotros permitamos que nos dominen, que nos controlen, van con la intención de que nos olvidemos de Dios, de la inmortalidad de nuestra alma.

No dejé de hablar:

»Dios, es amor, bondad, felicidad real y de fondo, para estar con él necesitamos de una entrega al prójimo y a nosotros mismos, no en un plano de egoísmo, por supuesto, más bien bajo un principio de cuidar nuestro cuerpo y respetarlo. El Demonio es lo contrario, es el procurar solo nuestro beneficio individual, pasajero, falso, ese que no ve el daño que le podamos crear a otros, del mal que nos podamos hacer a nosotros mismos.

La mirada de Pepe estaba completamente extraña... respiraba con una inusual profundidad. Parecía que quería que continuara. Por supuesto que aproveché...

»El Diablo quiere que pensemos que no existe, prefiere mantenerse como materia discreta, para que así, poco a poco, vaya influyendo en nuestra manera de actuar. Es audaz, y lo que desea es que, bajo una forma complicada de detectar, hagamos lo contrario a lo que Dios nos ha enseñado. El Demonio es el odio, la anestesia para que olvidemos nuestra conciencia, el obstáculo para la oración».

—Eso sí, qué bárbaro, admiro tu imaginación —dijo Pepe.

Sinceramente comprendí que mis ideas eran difíciles de entender, no por los términos complicados, porque de hecho eran simples, más bien por la complejidad del tema. Me seguí esforzando.

—Créeme que me gustaría ser más claro, pero me cuesta trabajo. Por favor, comprende que nosotros debemos de buscar la Salvación, que no es nada más encontrarnos con Dios, aunque encontrarlo sea lo principal. Él nos da libertad para hacer el bien y gozar de su presencia. No es que el deseo del Demonio sea, como se cuenta en las películas, simplemente que lo adoremos o estemos junto a él; lo que quiere, perdón que insista tanto, es que evitemos al Creador. Con engaños Satanás, siendo especialista en eso, busca que en algún momento nos sintamos maldecidos por haber nacido, por ser hombres, por ser hijos del Ser Superior. Se reconforta con el odio, con el desprecio.

—Pero como siempre lo he dicho —enfatizó con seriedad—, entonces, si estamos hablando de un Dios omnipotente, no podría existir el Diablo, no habría lugar para el mal...

—Pero entonces, no seríamos libres —argumenté.

Y sin profundizar más en el tema, Pepe comentó:

—Bueno, ándale pues, vamos a la taquilla a ver qué película encontramos.

13

Los desastres naturales con un Dios bondadoso

A veces me gusta andar en bicicleta, no sé si por hacer ejercicio, o sencillamente por hacer algo diferente... siempre me ha gustado andar por ahí pedaleando; en esta ocasión, Pepe se unió con su bicla. Sin ruta, dábamos un paseo por la ciudad.

A los dos nos llamó la atención, al pasar cerca de la Cruz Roja de Polanco, que estaban recolectando todo tipo de víveres para un estado de la república mexicana que se encontraba en desgracia por una inundación.

Después de andar un rato en la bici, decidimos pararnos en un parque y sentarnos a tomar unos refrescos.

—¡Qué gacho eso de la inundación! —dijo él, haciendo referencia a la colecta que se realizaba.

—Sí, caray —le respondí—, al rato vamos a colaborar con algo, ¿no?

—Sí, hay que ir —y después de un silencio, preguntó—: ¿Cómo es que Dios permite esas tragedias de la naturaleza? ¡En verdad no lo entiendo, como que siempre hace todo lo posible para parecer malvado!

—Pues sí —expresé, pensando que venía otra vez un debate con Pepe, afortunadamente en mi *backpack* traía mi Biblia—, con los terremotos, las inundaciones, los tsunamis, etc., ¿quién no ha dudado en la existencia de un Dios bondadoso? Vaya prueba... qué difícil es mantener la fe.

—Sí —dijo—, está cañón.

—Es de llamar la atención que comúnmente a Dios no se le atribuye nada, pero eso sí, cuando sucede una desgracia bien que se le reclama a Él; es curioso, aunque esa no sea la respuesta.

—¿Entonces? —cuestionó.

—El hombre, la humanidad, al ser parte de una misma raíz y estar conectada con su libre albedrío, en vez de tener un comportamiento correcto según sus principios, renunció al paraíso terrenal por preferir el pecado. Por lo tanto, la Tierra es imperfecta, cambiante, y por medio de sus procesos naturales se presentan terribles desastres.

—Uyuyuy —expresó en torno burlón—, los que prefirieron el pecado, según ustedes, fueron Adán y Eva, yo qué...

Ignorándolo un poco, continué:

—No olvidemos también que el hombre no ha sabido respetar a la naturaleza; por su elección soberbia de siempre, buscar su propio beneficio sin pensar en los demás, ha dañado notoriamente a la

Tierra, la cual responde ante tanto maltrato que le damos. El cambio climático es un claro ejemplo. Es en mucho una circunstancia de causa y efecto.

»Dios nos dio libertad, y por eso permite el pecado; de forma muy similar, deja que la Tierra demuestre las consecuencias que tiene el pecado sobre la creación —saqué mi Biblia, y le dije—: mira, escucha esto:

> *Porque el anhelo ardiente de la creación es el aguardar la manifestación de los hijos de Dios. Porque la creación fue sujetada a vanidad, no por su propia voluntad, sino por causa del que la sujetó en esperanza; porque también la creación misma será libertada de la esclavitud de corrupción, a la libertad gloriosa de los hijos de Dios* (Romanos 8: 19-21)».

—La neta, no entendí mucho —me reclamó.
—No, no es sencillo de entender —acepté—, pero los católicos tenemos entre uno de nuestros principales conceptos confiar en la indiscutible e infinita bondad de Dios. Esta vida no es nuestro objetivo primordial, nuestra finalidad es el encuentro que tendremos con Él en cuanto terminen nuestros tiempos.
—Para ti todo es en una vida divina, nada en esta.
—Pues de cierta manera, sí —señalé—. Ponme

atención, el Génesis 18:25 dice: ... *el Juez de toda la Tierra hará lo que es justo...*

— ¿Y eso qué? —interrumpió.

—La maldad no existía en la Tierra —intenté ser más claro— hasta que al inicio de nuestros tiempos el ser humano la introdujo. Seguimos cometiendo pecados y creamos un mundo donde le damos una gran continuidad a hacer el mal. ¿Cómo va a reaccionar nuestro hogar ante ello?

»Dios es bueno, no quiere hacernos daño; ante la desgracia terrenal, siempre se nos abre la oportunidad de retomar el camino, de que no olvidemos hacer el bien, ¡y eso sucede! Es de llamar la atención cómo hemos sacado lo mejor de nosotros como comunidad ante situaciones adversas; es ahí donde surgen las muestras de solidaridad, el espíritu de ayuda, el tender la mano».

—Ya empezaste de cursi otra vez —ironizó.

—Son acciones que deberíamos realizar a diario —seguí— y, sin embargo, únicamente nos acordamos de ellas ante la impresión por alguna desgracia.

—Así somos, ¡qué le vamos a hacer! —dijo, sin muchas ganas de escucharme.

—Dios es amor —dije—, y el amor permite el libre albedrío, y este libre albedrío ha sido mal utilizado por el hombre, esto por supuesto que trae consecuencias en todo nuestro entorno, la naturaleza incluida.

»No tengo duda alguna en el poder de la oración, de ese diálogo amoroso que entablamos con Dios y nos hace fuertes, nos da esperanza y tranquilidad. Practicando a diario y en repetidas ocasiones distintas plegarias, con fe y confianza, encontraremos la fortaleza necesaria para enfrentar y salir adelante de las tragedias mundanas que tanto entristecen nuestro corazón».

—¿Y a los que no nos gusta rezar? —intervino—, ¡que nos cargue el payaso!

—No, claro que no—aseguré—, pero acuérdate que estoy hablándote desde un punto de vista católico, y hago lo posible por darte argumentos.

»Por favor, escúchame —le pedí—, este mundo que Dios creó, está sujeto a leyes naturales que son parte de la misma Creación. Si corremos y nos estrellamos contra una pared, nos hacemos daño; si brincamos, a los pocos instantes caeremos, etc. La Tierra tiene acción y reacción, en todo, así también se manifiestan los llamados fenómenos de la naturaleza.

»La física regula nuestro planeta, y si la finalidad de un partido de futbol es la recreación, se pueden presentar lesiones; si la finalidad de caminar en el bosque es la de distraernos y relajarnos, podemos tropezar... así, si la finalidad del viento no es destrozar nada, lo puede llegar a hacer y de manera devastadora».

—Parecen argumentos como de física —señaló.

—Físicos o no, estoy intentando darme a entender —comenté, y seguí de corridito:

»Nadie construye una casa para que se venga abajo, pero puede suceder; nadie grita de la emoción para quedarse afónico, pero pasa; nadie toma el sol para dañarse la piel, y ocurre... así la naturaleza, sujeta a las características propias del mundo, tiene diferentes consecuencias.

»Las leyes naturales son inviolables, pero no son selectivas, no van en contra de pecadores ni de malas personas. Pueden ir mil personas en un barco, y si se hunde al impactarse contra una roca, no morirán los 700 más malvados, eso le sucederá a los que se encuentren en circunstancias más vulnerables, no por suerte, sino por su ubicación física en dicho momento. Dios no castiga.

»Es cierto que las desgracias naturales afectan más a quienes viven en condiciones de pobreza, eso no es por voluntad divina. Dios no construye casas inseguras, ni quiere que vivan personas en una peligrosa barranca. Somos nosotros los que no hemos desarrollado un sistema económico justo en el que todos vivamos con dignidad, y con cierta igualdad de condiciones».

—Pero si Dios rige la naturaleza, Él podría regular todo, es su responsabilidad —dijo en un tono como si yo le estuviera dando muchas vueltas al asunto.

—No lleva a nada reclamarle a Dios por las desgracias de la naturaleza; debemos entender que son parte de nuestro mundo mismo. Más allá de darle la espalda, recomiendo pedirle la fortaleza necesaria para salir adelante; y si lo hacemos de manera devota, Él nos dará las herramientas para seguir, para continuar.

—Ya se ve que a ti no te ha pasado nada nunca —acusó.

—No, pero eso no quiere decir que no me importe, además, claro que me puede pasar. No limitemos nuestra inteligencia con un absurdo ¿por qué me pasó esto a mí?; utilicémosla para un ¿cómo puedo entender lo que está pasando, y cómo voy a actuar ante estas situaciones?

—¿Te das cuenta de que eres una especie de promotor del sufrimiento? —me cuestionó una vez más.

Pensando que en realidad no me entendía nada, y con la tristeza de que no me sabía explicar bien, intenté expresarme mejor.

—Definitivamente, quiero dejarte muy en claro que los católicos debemos de confiar en que la Tierra no es nuestra única ni última casa... vendrá la eternidad.

—De nuevo con cosas que no se pueden explicar —insistió con lo mismo.

—Bien sabes que no puedo darte argumentos científicos, estoy hablando de religión. Nuestro Señor siempre está listo para escucharnos, para consolarnos, para hacernos entender, pero Él no nos puede obligar a hacerlo, somos libres de arrodillarnos y entrar en oración... o no.

Volví a tomar la Biblia, y le leí lo que nos dice 1 Pedro 5:10-11:

Quien nos llamó a su gloria eterna en Jesucristo, después que hayamos padecido un poco de tiempo, Él mismo nos perfeccione, afirme, fortalezca y establezca. A Él sea la gloria y el imperio por los siglos de los siglos.

»El tiempo de Dios no es de meses, años, ni décadas... es de eternidad».

—¿Eternidad? ¡Ja!, tú y tus cosas... a veces pienso que en serio vives en la luna —me dijo mientras tomaba su bicicleta, y con movimientos relajados se fue alejando.

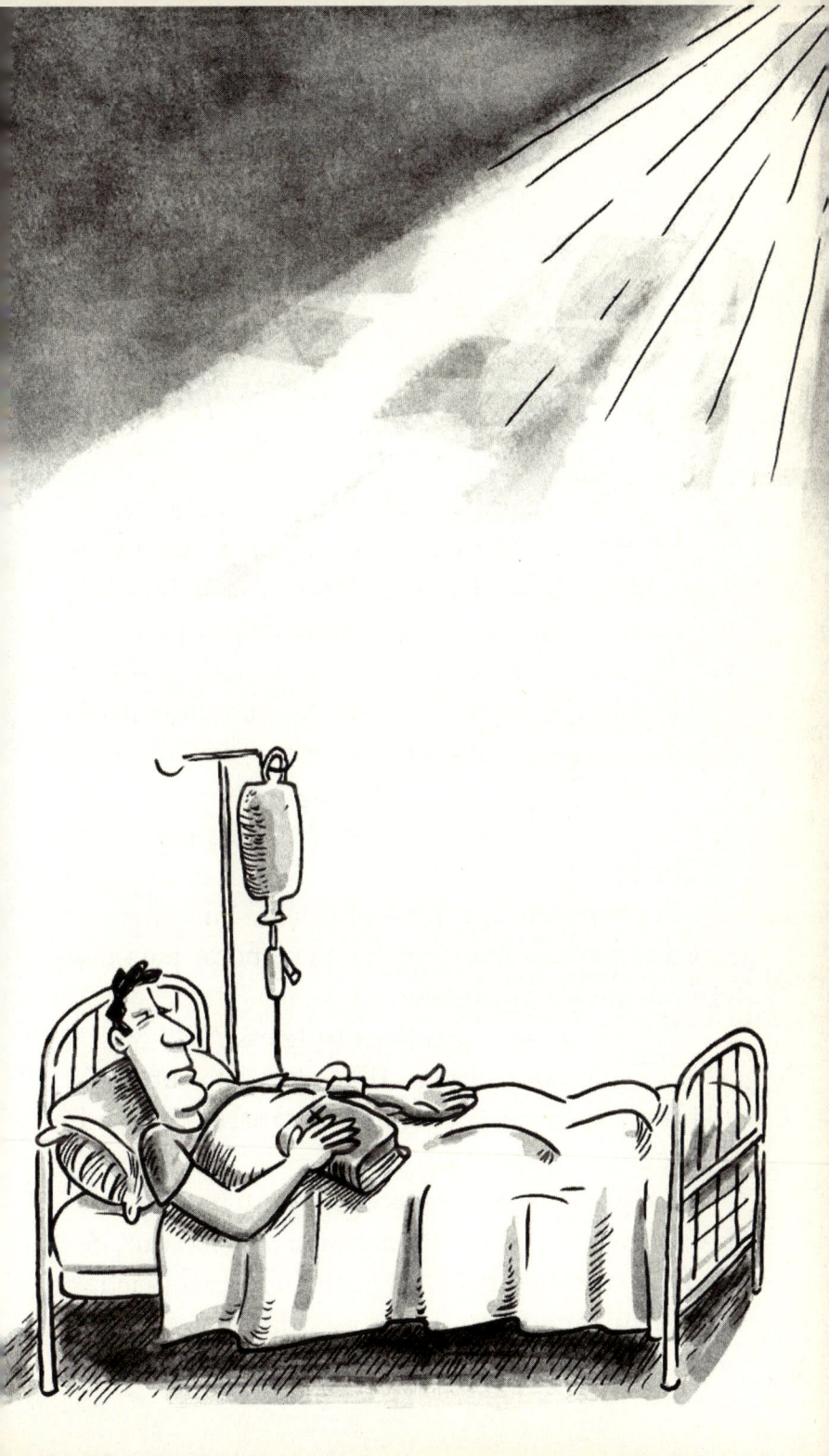

14

La eutanasia

Pepe me acompañó al hospital, amablemente, a ver a un tío mayor que se encontraba muy grave. Después de haber entrado a la habitación, decidimos comer en el restaurante del hospital que, por cierto, son los peores de todos los que existen.

—Híjole, qué fuerte lo de tu tío —comentó medio afligido—, yo creo que ya lo deberían de dejar ir.

—¿Cómo?—exclamé con extrañeza.

—Sí, ya... dejarlo descansar. ¿No han pensado en la eutanasia?

—Por supuesto que no —afirmé de inmediato—, nosotros no tenemos derecho a colaborar para que termine la vida de alguien.

—No me digas... ¿otra vez tu Iglesia?

—No solo por eso, pero tiene que ver —afirmé.

—De plano no aceptan la eutanasia, ¿verdad? —preguntó— ¿Por qué?

—La Iglesia católica no acepta la eutanasia —traté de explicarle—, es decir, la acción u omisión que, para evitar sufrimientos a los pacientes desahuciados, acelera su muerte con su consentimiento o sin él;

esa es la definición que da la Real Academia de la Lengua Española.

—La definición la sé, babas, lo que quiero es que me expliques por qué no está a favor de este rollo —empezó a debatir.

—Matar es malo, lo haga quien lo haga, bajo cualquier circunstancia. Creemos los católicos en eso, y lo difundimos porque pensamos que esa idea es la más conveniente para la humanidad, para el plan que Dios tiene con nosotros. La vida es un regalo divino, el Señor nos la otorgó. Mientras la vida exista, sea como sea, es invaluable.

—Pero este regalo invaluable, como tú le llamas —me interrumpió—, a veces se va echando a perder.

—Sí, nuestra naturaleza humana presenta en ocasiones enfermedades terribles que muchos médicos califican como un martirio espantoso poder soportarlas. Es un hecho que los pacientes llamados terminales sufren, al igual que sus familiares y seres queridos.

—¡Joder! —pronunció—, entonces, ¿para qué sufrir?

—No olvidemos —seguí— que para nosotros los católicos el sufrimiento tiene un sentido especial, nos acerca más a Dios. ¿Acaso Jesucristo no sufrió terriblemente en la Tierra? ¿No llegó a sudar sangre antes de su calvario? ¿No pasó hambres terribles? ¿No fue víctima de humillaciones tristísimas y de un maltrato físico inimaginable? ¿No padeció del abandono de sus amados amigos? ¿No fue asesinado en la cruz de la manera más cruel posible? Sí, sin duda.

»El sufrimiento bien entendido, no uno provocado absurdamente; un sufrimiento con un sentido especial, nos permite imitar a Cristo, ser un poquitito más como Él, que al fin y al cabo, es nuestro máximo ejemplo a seguir».

—Aguantar —dijo—, qué facilote lo dices.

—Sí —intenté explicar—, es fácil pedir cómo llevar el sufrimiento cuando uno está sano... pero soportar los dolores más fuertes que puede experimentar nuestro cuerpo resulta muy complicado, muchísimo. Por eso debemos prepararnos durante toda nuestra vida y darle un sentido muy espiritual a la naturaleza de nuestra condición humana.

»Todo pasa, lo único eterno es Dios y su promesa de que lo acompañaremos en el Reino de los Cielos; no dejemos de orar en todo momento, y así siempre tendremos la fuerza para soportar los dolores físicos a los que estamos expuestos».

—Pero sufrir nos evita ser felices, no seas mamón —casi, casi me regaña.

—La Iglesia católica—traté de que me escuchara de manera abierta—, aunque muchos no estén de acuerdo, ve en el sufrimiento físico una oportunidad para crecer espiritualmente, para acercarnos más a nuestro Padre.

—Ja, ja, ja, —empezó a burlarse de mí.

Intentando ignorar sus risas, seguí:

—Si Jesucristo soportó los dolores físicos más inimaginables por su naturaleza humana, nosotros lo podemos hacer... Él tenía un objetivo: perdonar los pecados de la humanidad; nosotros deberíamos soportar el dolor sabiendo que tenemos su amor, y la gran oportunidad de acompañarlo, de gozar con su presencia en la eternidad. No es fácil, todo lo contrario, pero la recompensa lo vale.

—Ah, caray — expresó incrédulo.

—Por lo tanto, no debemos interrumpir la vida humana, Dios nos la dio, y solo debe ser Él quien nos la quite. Su sabiduría es difícil de entender, pero siempre debemos confiar en Él, en su bondad, entendiendo que para nuestra mente limitada, Él actúa de manera misteriosa. Humildad ante nuestro Padre bueno; necesitamos mucha humildad.

Al ver que estaba perdiendo su atención, saqué una hoja...

»A ver, escucha esto por favor:

Es necesario reafirmar con toda firmeza que nada ni nadie puede autorizar la muerte de un ser humano inocente, sea feto o embrión, niño o adulto, anciano, enfermo incurable o agonizante. Nadie, además, puede pedir este gesto homicida para sí mismo o para otros confiados a su responsabilidad, ni puede consentirlo explícita o implícitamente. Ninguna autoridad puede legítimamente imponerlo ni permitirlo. Se trata, en efecto, de una violación de la ley divina, de una ofensa a la dignidad de la persona humana, de un crimen contra la vida, de un atentado contra la humanidad.

Y le informé:
»Esto es parte de la Declaración de la Congregación para la Doctrina de la Fe sobre la eutanasia.

»Juan Pablo II —procuré dar más argumentos—, un Papa que, entre muchas cosas, se distinguió por ser un gran intelectual, escribió lo siguiente al respecto en su encíclica *Evangelium vitae* —volví a leer en voz alta—:

...una grave violación de la ley de Dios, en cuanto eliminación deliberada y moralmente inaceptable de una persona humana... un camino diverso... El camino del amor y de la verdadera piedad, al que nos obliga nuestra común condición humana y que la fe en Cristo redentor, muerto y resucitado, ilumina con nuevo sentido. El deseo que brota del corazón del hombre ante el supremo encuentro con el sufrimiento y la muerte, especialmente cuando siente la tentación de caer en la desesperación y casi de abatirse en ella, es sobre todo aspiración de compañía, de solidaridad y de apoyo en la prueba.

—A ver —dijo con su característico tono retador—, explícame lo que quiso decir Juan Pablo II.

—¡Joder! —exclamé con cierta molestia— ¿Explicarte lo que dijo ese gran hombre? Está complicado, pero yo lo entiendo como que renunciar a la vida humana, por dolorosa que esta sea, va en contra del mismo ejemplo que Jesús nos dio; Él sufrió de una manera que no podemos imaginar, pero siguió adelante, aunque su muerte fuera inevitable; sufrió con la naturaleza de cualquier hombre, no con súper poderes, y con una dignidad innegable. Estar vivos es el regalo más valioso que puede haber, aunque se tenga un profundo dolor, pues el dolor es parte de nuestra condición misma. No es solo un asunto de esperar una cura milagrosa, va más lejos, tiene que ver con la solidaridad hacia Cristo, con su ejemplo de amor y esperanza de que nosotros también resucitaremos con un espíritu fuerte, a pesar de estar abatidos físicamente por alguna enfermedad. Es estar siempre conscientes y predispuestos a que Dios nos acompañe en cualquier circunstancia. Caer en la desesperación es darle la espalda, ignorarlo. Debemos entender el estar en agonía como una oportunidad para probar que amamos al Maestro. Él es el Creador, creemos que somos su obra y, por lo tanto, hacemos todo para cuidar y extender su creación, cobijados por su amor, demostrando fortaleza, agradeciéndole y honrándole... sin olvidar nunca que nuestra alma no morirá, de hecho, existirá por siempre. Nuestra misión es ser como Jesucristo, debemos imitarle, y parte de ello radica en las durísimas dolencias de nuestro cuerpo.

—Pero es que la desesperación del dolor es imposible de llevar —comentó Pepe.

—Sí, la desesperación, la triste desesperación que, a fin de cuentas, es renunciar a la fe, punto clave en la eutanasia.

»La eutanasia o muerte asistida, resulta una derrota de la esperanza, del amor a la vida —tomé otros papeles, y proseguí—; la Carta de los Agentes Sanitarios, elaborada por el Consejo Pontificio para la pastoral de la salud de 1995, dice al respecto:

El enfermo que se siente rodeado por la presencia amorosa, humana y cristiana, no cae en la depresión y en la angustia de quien, por el contrario, se siente abandonado a su destino de sufrimiento y muerte y pide que acaben con su vida. Por eso la eutanasia es una derrota de quien la teoriza, la decide y la practica.

»El amor, como en todas las circunstancias de la vida, es la solución, la única salida, el consuelo».

—Pero, ¿están entonces a favor del sufrimiento? Y los medicamentos, por cierto, ¿para qué existen? —volvió a cuestionarme.

—Me parece justo decir que la Iglesia, el catolicismo, no está en contra de los avances científicos útiles, y por lo tanto de ninguna manera se opone al uso de los analgésicos que han sido inventados por la mente humana, y colaboran para poder sobrellevar una enfermedad grave o terminal de una manera menos dolorosa; igualmente, apoya el uso de distintos medicamentos para tratar de salvar la vida.

»Terminar con una vida es violencia, sea como sea... se interrumpe un ciclo natural, se atenta contra la naturaleza misma. El freno a una vida es un acto que va muy lejos en el proceso de una historia humana».

—No me convences —afirmó retadoramente.

—Incluso el Juramento de Hipócrates claramente dice: *ni siquiera movido por las apremiantes solicitudes de cualquiera...* eso rezan los médicos, y hace referencia a que ellos están llamados siempre a sostener la vida, curar el dolor, y nunca dar muerte.

Con un poco de evidente hartazgo, Pepe se levantó de la mesa...

—Nos vemos, que se mejore tu tío —dijo, y se retiró.

15

El sentido del sufrimiento

Después de haber recibido una llamada de Pepe, y quedar de vernos para tomar unas cervezas, ahí estábamos en un bar cualquiera platicando.

—¿Cómo va tu tío? —me preguntó.

—Ahí la lleva, casi igual —respondí.

—Oye —expresó—, me dejaste con varias dudas el otro día que tocamos el tema de cómo ven los católicos el sufrimiento... la verdad no le veo sentido. ¿Me explicas?

—Pues voy a intentarlo... Nuestra Iglesia le da un sentido especial al sufrimiento, no al dolor absurdo ni provocado adrede, sino a aquel que tiene un fondo, que está enfocado de manera espiritual para brindar alegría y luz a nuestra vida... Nada de golpearnos a lo menso, ni hacerle daño a nuestro cuerpo que es sagrado, no nos confundamos...

—Pero eso va en contra de la felicidad, sufrir como sea duele, y eso no es sinónimo de ser felices, ¿no? —rebatió Pepe.

—Definitivamente, Dios quiere que seamos felices —retomé la palabra—, pero la felicidad no se trata nada más de darle gusto al cuerpo en todo momento, es algo más profundo, más interno, más espiritual.

»Nuestra felicidad está en imitar a Cristo, quizá no exactamente en su manera de vivir y morir, no tenemos que soportar el calvario ni morir en la cruz, pero sí seguir sus enseñanzas, y muchas de estas tienen que ver con privar al cuerpo de gustos mundanos, sin sentido, que terminan por convertirse en pecados que nos hacen perdernos en los placeres bobos y engañosos de la vida.

»Lo que en verdad puede conducirnos a una plenitud consiste en alegrar nuestra alma, que es eterna, no nuestro cuerpo, el cual tiene fecha de caducidad. Al morir, lo que a todos nos pasará, nuestro cuerpo se quedará aquí; nuestra alma es la que irá al paraíso, si hacemos las cosas bien».

—Caray, ¿y tú inventaste todo eso?, parece que no tiene sentido alguno —reprochó.

—No —respondí—, no son palabras mías, aunque así las entiendo.

Empecé a sacar papeles, busqué unas páginas, y seguí:

»Cito a San Pablo: *Completo en mi carne lo que falta a los padecimientos de Cristo, para bien de su Cuerpo, que es la Iglesia* (Colosenses 1:24). Y ahí mismo menciona la alegría en el sufrimiento: *Ahora me alegro de poder sufrir por ustedes*. El sufrimiento es parte de la trascendencia del hombre. Va más allá de este mundo».

—Caraja madre —imprecó—, pero vivimos en este mundo.

—Pero temporalmente —respondí—. Nuestra Iglesia se creó a partir del misterio de la redención en la Cruz de Cristo, desde ahí sugiere un muy importante sentido del sufrimiento que, definitivamente, tiene que ver con la fe. El sufrir es parte de la condición terrenal humana, no lo podemos evitar, todos lo experimentamos... el reto, por llamarle de alguna manera, radica en encontrarle sentido.

—¡Pues vaya reto! —exclamó.

—El hombre no muere, solo lo hace si pierde la vida eterna... Vale la pena insistir en la promesa que tenemos de un paraíso al abandonar este mundo lleno de crímenes y vicios. *Sí, Dios amó tanto al mundo, que entregó a su Hijo para que todo el que cree en Él no muera, sino que tenga Vida eterna*, dijo el apóstol Juan —comenté, aprovechando los libros que tenía cerca.

»Todos los pesares, lamentos y dolores que sentimos pasarán, no son eternos, vendrá un descanso; no hay que quejarnos ni recriminarle a nadie. Dios tiene grandes planes para nosotros, tomemos esto como consuelo, como esperanza, como fuente de fuerza y ánimo.

»Con la cruz de Cristo, el sufrimiento natural

del hombre se relaciona directamente con el amor, amor a Dios, y a la seguridad de que llegaremos a estar en su presencia para la eternidad. Sufrir es una invitación a demostrar nuestra fuerza moral, un crecimiento espiritual».

—¿En verdad no te da miedo el sufrimiento? —preguntó.

—Claro que sí, somos carne, nervios, huesos... Préstame atención a esto que tengo señalado aquí, dice: *No teman a los que matan el cuerpo, pero no pueden matar el alma* (Mateo 10:28). Debemos de estar convencidos —viéndole a los ojos le manifesté— de que el sufrimiento, sea espiritual o físico, no será permanente.

»Nuestro Señor Jesucristo no nos habló de placeres mundanos para poderlo seguir, *el que quiera venir detrás de mí... cargue con su cruz cada día* (Lucas 9:23) —volví a leerle.

»Cuando hacemos algo por los demás, en el momento que para ayudar al prójimo dejamos de hacer cosas que solo nos dan placer a nosotros, podríamos hablar de un sufrimiento con sentido».

—Eso me parece hasta falta de humildad —reprochó—, me parece un discurso un tanto soberbio.

Guardé silencio por unos momentos, y retomé mis palabras.

—No tiene que ser un sufrimiento extremo ni exhibicionista, puede ser una privación de pequeños gustos pasajeros, para dedicar una parte de nuestra existencia a los demás. Así como para levantar a alguien se requiere «el esfuerzo de agacharse», de la misma manera tenemos la oportunidad de realizar un sinfín de acciones que nos solicitan, y que nos hacen más generosos, como auténticas personas.

Al ver que Pepe «se estaba perdiendo», tomé unas hojas, y le dije:

»Sé que no me estás entendiendo, y no tendrías por qué, a veces no me sé explicar... sería muy útil que leyeras las Bienaventuranzas, y su clara oferta de dejar de lado lo terreno, esperando una inigualable e inmortal recompensa».

Con su mirada ya por mí muy bien conocida, llena de flojera, le entregué los papeles que dicen:

1) *BIENAVENTURADOS los pobres, porque de ellos es el reino de Dios.*
2) *BIENAVENTURADOS los mansos porque ellos poseerán la tierra.*
3) *BIENAVENTURADOS los que lloran, porque ellos serán consolados.*
4) *BIENAVENTURADOS los que tienen hambre y sed de justicia, porque ellos serán saciados.*
5) *BIENAVENTURADOS los misericordiosos, porque ellos alcanzarán misericordia.*
6) *BIENAVENTURADOS los limpios de corazón porque ellos verán a Dios.*

7) BIENAVENTURADOS *los pacíficos porque ellos serán llamados hijos de Dios.*
8) BIENAVENTURADOS *los perseguidos por causa de la justicia, porque de ellos es el reino de los cielos.*
9) BIENAVENTURADOS *seréis cuando por causa mía, os insulten y digan toda clase de calumnias contra ustedes, alégrense y regocíjense, porque su recompensa será grande en los cielos.*

—Pero es que solo piensan a futuro, ¿por qué el miedo a vivir el momento? —protestó Pepe.

—¡Es que vamos a morir, no seas necio! —levanté la voz.

Intenté calmarme, y procurando ser más claro, seguí:

»Este mundo está lleno de sufrimientos, llevémoslos con paciencia, con gusto, y con un ofrecimiento a Dios».

Sonrió, no sé si sinceramente, o para mostrar ternura por mí.

»Escúchame, por favor, seré sincero con lo que creo... vivir con alegría las condiciones de este mundo, no ver el sufrimiento como un gran pesar, encontrar la plenitud espiritual en las alegrías y tristezas, saber que nuestro paso por el mundo dura «un segundo»; encontrarle sentido al sufrimiento, es un gran reto, pero nos acerca más a Dios porque es una manifestación de confianza hacia Él, un acto de fe y de esperanza que nosotros los católicos sabemos será recompensado…

»Ser humanamente felices dándole sentido a todo lo que acontece en la Tierra, nunca perder el ánimo, el buen humor, ni la esperanza… así estaremos cada vez más cerca de Cristo».

—¡Sale! —me dijo— … cambiemos de tema, por favor.

16

Orar para estar más cerca de Dios... para estar mejor

Después de unos días, en mi cabeza daban mil vueltas las pláticas que había tenido con Pepe, y preferí tratar de tener otro tipo de contacto con él. Decidí mandarle un correo electrónico, apelando a lo que le da motivo a mis creencias. Tomé la computadora y escribí:

> Muy querido Pepe:
> De entre tantas y tantas cosas que hemos hablado, creo que a final de cuentas únicamente puedo referirme a la oración, mi último recurso para que quizá todo cobre sentido.
> Los católicos creemos en el poder de la oración, sí, poder, no exagero.
> Es por la oración como logramos sentirnos más cerca de nuestro Señor, es la mejor vía de comunicación con Él. Sabemos que si oramos con fe, devoción y sinceridad, nos escuchará, nos dará consuelo y esperanza.
> Nuestro Padre bueno quiere que hablemos con Él, que le manifestemos nuestras preocu-

paciones, que le planteemos nuestras dudas, que nos dirijamos con confianza a su bondad, que busquemos consuelo, que compartamos nuestros éxitos y alegrías.

Siempre nos escucha, nunca nos ignora. Se conmueve al ver cómo lo buscamos, cómo le expresamos nuestro amor, se entusiasma al ver nuestra confianza en Él.

Nunca, nunca, nunca Dios ignorará nuestras oraciones, hagamos la prueba y veremos... experimentaremos que si frecuentemente oramos, sentiremos su presencia, y por lo tanto nos invadirá la paz, nuestra vida tomará rumbo, y nos sentiremos más cercanos a Él.

La oración es un espacio de reflexión, de meditación. Recemos concentrados, sin exhibicionismos, con discreción, sin prisas, con tranquilidad, con calma.

Oremos con naturalidad, tal como si estuviéramos platicándole a nuestro Señor, que es nuestro Padre, nuestro amigo, nuestro Guía, nuestro Camino, quien nos ama de una manera perfecta, desinteresada.

Él siempre procurará nuestro bien, nos ayudará en serio, sin falsas distracciones que no beneficien a nuestro espíritu, insistamos en la oración; aunque a veces nos lleguemos a distraer y no apreciemos sus grandes bendiciones diarias, tarde o temprano sentiremos su presencia.

No le demos la espalda porque no apreciemos cambios inmediatos, tengamos paciencia, Él nos hará sentir su presencia, no de acuerdo con nuestra desesperación humana, más bien de acuerdo con sus tiempos perfectos.

Confiemos en Él, nos escucha, la oración nos pondrá muy cerca de nuestro Señor, aunque nunca nos abandona; al rezar sentiremos su presencia, una experiencia única que nos ayudará a librar las contrariedades de este mundo.

Alabemos al Señor, pidamos a nuestra Santísima Madre y a los santos que intercedan por nosotros.

¡Gloria a Dios en la Tierra!, estemos siempre cerca de Él.

17

Las obras de misericordia

Nunca recibí respuesta al mail por parte de Pepe; soy sincero, ya me lo esperaba...
Con cierta tristeza, ahora tomé papel y pluma, y le escribí una carta:

Muy querido amigo, no recibí respuesta del correo que te mandé, ahora intento comunicarme contigo por esta vía.

Me parece que no he sido muy claro contigo, nunca he pretendido ser guía espiritual ni nada por el estilo... solo he querido expresarte mis creencias y cómo pueden funcionar en este mundo.

¿Sabes?, de lo que se trata es de ser buenos y gran parte de ello está en ayudar al prójimo. No obstante de cualquier polémica que pueda surgir con relación a algunos preceptos de la Iglesia católica (que sin duda surge), la finalidad principal es procurar nuestro propio bien y el de los demás a través de esta serie de principios o guía para recorrer un camino cristiano.

Lo que Dios quiere de nosotros es que seamos buenos, dignos, seres humanos que sepamos explotar nuestras virtudes; y no hay virtud más importante que la de ayudarnos, para así poder ayudar. Por eso yo le veo un gran valor a las Obras de Caridad, pues ahí se manifiestan en mucho los planes que tiene el Señor con nosotros en la Tierra, los cuales nos ayudarán a llegar al paraíso. No dudo que si realizamos Obras de Caridad, tanto corporales como espirituales, seremos verdaderamente felices en la Tierra, y estaremos con Dios al fin de nuestros tiempos.

Las Obras de Caridad son muy claras, casi de sentido común, pero es de gran utilidad no olvidarlas.

Obras de misericordia corporales:

1. Dar de comer al hambriento.
2. Dar de beber al sediento.
3. Vestir al desnudo.
4. Visitar a los enfermos.
5. Asistir al preso.
6. Dar posada al caminante.
7. Sepultar a los muertos.

Obras de misericordia espirituales:

1. Enseñar al que no sabe.

2. Dar buen consejo al que lo necesita. Que la palabra de Cristo habite en ustedes con todas sus riquezas. Que sepan aconsejarse unos a otros y enseñarse mutuamente con palabras y consejos sabios (Colosenses 3:16).

3. Corregir al que se equivoca. Si tu hermano ha pecado contra ti, anda a hablar con él a solas... Si te escucha, has ganado a tu hermano. Si no te escucha, lleva contigo a dos o tres de modo que el caso se decida por boca de dos o tres testigos. Si se niega a escucharlos, dilo a la Iglesia reunida (Mateo 18:15-17).

4. Perdonar las injurias. Pedro se acercó y le dijo: Señor, ¿cuántas veces debo perdonar las ofensas de mi hermano? ¿Hasta siete veces? Jesús le contestó: No digas siete veces, sino hasta setenta veces siete (Mateo 18:21-22).

5. *Consolar al afligido.* **Anímense mutuamente y ayúdense unos a otros a crecer juntos (1 Tesalonicenses 5:11).**

6. *Tolerar los defectos del prójimo.* **Sopórtense y perdónense unos a otros, si uno tiene motivo de queja contra otro (Colosenses 3:13).**

7. *Hacer oración por los difuntos.* **Pues si no hubieran creído que los compañeros caídos iban a resucitar, habría sido cosa inútil y estúpida orar por ellos (2 Macabeos 12:44).**

¿Será que estas palabras te parecen huecas? ¿No te convence que esta sea una sensacional guía para un mundo mejor, para el bien de todos?

No sé por qué nunca me animé a enviarle a Pepe esta carta, la cual sigo conservando en un lugar especial de mi casita.

Epílogo

Pepe

Ahora lo sé bien, Pepe, te cansé con tantos de mis rollos religiosos, y te parecerá brutalmente aburrido frecuentarme, aunque creo que muchas veces buscabas provocarme.

Creo que tu percepción para conmigo se transformó, y dejé de ser un amigo para platicar de cualquier cosa o para divertirnos...

Nunca fue mi intención utilizarte, pero de alguna manera fomentaste mi imaginación y tranquilizaste mi mente... fuiste un apoyo en la búsqueda de respuestas a mis propias dudas.

Es tonto que lo diga, pero seas como seas, te doy las gracias, pues me hiciste repasar, confrontar y reafirmar muchas cosas que tenía guardadas en lo más profundo y misterioso de mi cabeza.

Ahora que no estás, como antes, y no te encuentro por ninguna parte, tendré que enfrentarme al mundo, a mí mismo y a mi congruencia.

Platiqué contigo porque lo necesitaba, lo sigo necesitando... ¡Tengo tantas dudas! Muchas veces la fe no me llena, creo que no es tan fuerte como creía que era. Me resulta doloroso tener tantos cuestionamientos, y me siento obligado a resolverlos. Sin duda, la oración me ayuda, pero por mi cabeza pasan tantas cosas... Le temo a estar equivocado, a vivir en el error. Parece que el mundo quiere que renuncie a ser católico, no dejo de percibir ataques por doquier.

Hablo con mi Señor, y le pido respuestas... a veces parece no escucharme, mas no dejo de insistir. En ocasiones tarda, aunque siempre hay algo que me manifiesta su presencia. Entonces busco combatir las burlas, las descalificaciones y las ofensas, pero siento que me faltan argumentos.

Entiendo que hay que prepararse, estudiar... hay muchas cosas por aprender y se requiere de un esfuerzo importante. No tengo el propósito de imponer, de triunfar ante los demás, pero me siento obligado a evitar que se critique a la Iglesia con facilidad asombrosa. No quiero ser un católico que se comporte bien únicamente para encontrar la vida eterna, el paraíso; lo que deseo es ser feliz, y entiendo que estos principios nos llevan a una vida plena, no a falsas alegrías pasajeras.

Veo un mundo empeñado en encontrar gozos momentáneos, pero sin fondo, solo con forma. Los placeres mundanos, aunque tengan su lado positivo, no lo son todo, hay mucho más allá...

Me asusta y me duele la insistencia de sacerdotes, obispos, cardenales y demás religiosos, en hacer cosas vergonzosas que no solo les dañan a ellos y a sus víctimas, sino también a la Iglesia y a los católicos.

Me desespera que los fieles estemos encontrando caminos simplones, huecos, para vivir en una falsa felicidad. Nosotros tenemos gran responsabilidad en la innegable crisis que padece la Iglesia. Somos parte de ella, y si no actuamos de acuerdo con nuestros principios, es injusto pedir que los demás lo hagan.

Me lastima la palabrería que muchos manejamos, la cual no va de acuerdo con nuestro modo de actuar; con justicia, muchos señalan ese defecto de los católicos. Debemos de ser ejemplo, para entonces cambiar a los demás.

En fin, considero que todo se reduce al amor hacia los demás, y al amor propio; pero eso, primordialmente, requiere amar a la vida. Si valoráramos el gran regalo que tenemos de estar vivos, seguramente cometeríamos muy pocos pecados.

Entiendo a la Doctrina Católica como la vía que promueve el que amemos totalmente a la vida en todas sus expresiones, desde su inicio, hasta el fin.

No conozco un solo caso en que alguien que ayude al prójimo tenga una experiencia desagradable. Quizás podría existir cierta insatisfacción corporal pero, a fin de cuentas, ¿eso qué importancia tiene?

Si solo fuéramos cuerpo, encontraríamos la felicidad total al satisfacerlo. Somos alma, espíritu, por eso siempre nuestras experiencias más ricas son las que tienen que ver con aquellas acciones que alimentan nuestra interioridad.

Cuidar y cuidarnos, amar y ser amados... para mí, ese es el camino que nos propone el catolicismo, a pesar de todos los baches que nos plantea una sociedad consumista, despreocupada, egoísta y soberbia.

Espero verte pronto Pepe, querido Pepe... hay tanto que no tiene que ver con la religión y de lo que podemos platicar... ya nos toparemos por ahí, y sé que con eso bastará para retomar nuestra amistad.